HISTORIA MÍNIMA DE CHILE

智利简史

[智利]拉斐尔·萨格勒多·巴萨——著
李文雯——译

RAFAEL SAGREDO BAEZA

华中科技大学出版社
http://press.hust.edu.cn
中国·武汉

湖北省版权局著作权合同登记 图字：17-2018-357 号

Original title: Historia mínima de Chile
© El Colegio de México, A.C. 2014
All rights reserved
The simplified Chinese translation rights arranged through Rightol Media （本书中文简体版权经由锐拓传媒取得 Email:copyright@rightol.com）

图书在版编目（CIP）数据

智利简史 /（智）拉斐尔·萨格勒多·巴萨著；李文雯译 . — 武汉：华中科技大学出版社，2024.9
（拉丁美洲历史文化译丛）
ISBN 978-7-5772-0346-1

Ⅰ.①智… Ⅱ.①拉…②李… Ⅲ.①智利 - 历史 Ⅳ.① K784

中国国家版本馆 CIP 数据核字（2024）第 035190 号
审图号：GS（2024）2231 号

智利简史	[智利] 拉斐尔·萨格勒多·巴萨 著
Zhili Jianshi	李文雯 译

策划编辑：亢博剑　刘晚成
责任编辑：田金麟
责任校对：李　琴
责任监印：朱　玢
封面设计：璞茜设计

出版发行：华中科技大学出版社（中国·武汉）　　电话：（027）81321913
　　　　　武汉市东湖新技术开发区华工科技园　　邮编：430223
印　　刷：湖北新华印务有限公司
开　　本：880mm × 1230mm 1/32
印　　张：10.375
字　　数：198 千字
版　　次：2024 年 9 月第 1 版第 1 次印刷
定　　价：49.80 元

本书若有印装质量问题，请向出版社营销中心调换
全国免费服务热线：400-6679-118　竭诚为您服务
版权所有　侵权必究

前　言

　　在南美洲大陆毗邻太平洋的西南端，在雪山与大海之间，坐落着一个从北部沙漠延展至南部冰川的绵长国家——智利。自古以来，这个国家就被贴上了"遥远"的标签，被认为是地球上最幽深寒冷的地区，西班牙殖民帝国的尽头，存在着人类无力对抗的自然现象的孤立土地，直到共和国初期，这个国家仍处在美洲大舞台的边缘，直至19世纪中期这里的人民还过着贫穷的生活。在这个国家的人民的长期不懈的努力之下，大部分民众终于在进入20世纪后累积了些许财富，在此之前他们还不得不经历沉痛的皮诺切特专政。

　　或许直到今天智利才达到了让其步入所谓的发展之门的条件：近20000美元的人均年收入。要知道这个国家从来不乏历史性的时刻，不过人们选择只铭记那些从共和国组建时期起发生的史诗性的事件，以及每次大事件造就的英雄人物。那些值得被歌唱的光荣事迹，在口口相传中被描述得颇具戏剧张力的历史情节和亦真亦假的传奇功绩逐渐被推崇为社会主流价值观和道德模范。这些历史永远围绕着一个英雄展开，这位英雄可能是一个人也可能是一个集体，他们的丰功伟绩值得被传颂、被铭记、被作为国家的文化遗产写进智利的历史。在这个国家充满神话的历史中，每一个神话都在为这个国家的凝聚力增砖添瓦。

1569年到1589年间，自从西班牙诗人阿隆索·德·埃尔西利亚（Alonso de Ercilla）描写早年智利征服史的史诗《阿劳卡纳》问世以后，痛苦牺牲的英雄惨剧、不屈不挠的英勇抗争、战无不胜的无畏英雄都开始为奠定这个国家的民族特性而贡献力量，这可谓是19世纪智利伟大的国家项目。

弘扬史诗成为智利国家项目的一个最有力的证明要数1839年，法国自然科学家克劳迪奥·盖伊（Claudio Gay）在智利政府的委托下开始书写智利宏大的国家史和政治史，这也成了智利史学的开端。

书写历史的发起者是宗教与公共教育部部长，当时智利刚从对抗秘鲁-玻利维亚联合军队的战争中取得胜利，全国上下欢欣鼓舞。在军事胜利和民众热情的推动和刺激下，民众的爱国热情几乎持续了一年，于是政府开始评估书写一部神圣的智利国家史的可行性，将共和国鼎盛时期的战斗荣耀载入史册。

当这项任务被摆在面前时，盖伊的第一反应是询问当局，智利的历史是否对文明舞台也有一定的意义？总督的回答为这位史学家和后来的国家史学奠定了方向，他不假思索地说，他非常确信智利对美洲文明的贡献，因为历时近3个世纪的阿劳卡尼亚战争重创了卡斯蒂利亚王国，美洲独立战争中两次决定性战役都是在智利发生的：查卡布科战役和迈普战役，而且智利是美洲地区当时唯一的有序国家——一个充分尊重共和国政治制度和体系的国家。

智利在美洲舞台上非同寻常的发展轨迹在盖伊书写历史之前的19世纪30年代时，在精英阶层中就有所体现了，他们的生活有着紧锣密鼓的戏剧张力，他们积极参与独立运动、共和国组建以及反对联邦的战争，当时这种态度在当地和国际上都备受推崇。这个在殖民时代被贴上了"边缘"标签的社会，独立早期的孤立和贫穷属性开始让这个国家在动荡的美洲取得了一些非凡的成就：稳定以及共和秩序。

盖伊明白，书写智利历史是国家需求，国家需要对独立后的发展成就进行赞扬，一部卓越光荣的现实史诗是维持国家统一的基础。构建共同体意识的迫切需求让一部智利历史成为当务之急：国家希望通过历史知识重现传统，借此让过去的优良传统在新共和国中延续。但并不是什么样的历史都应该被记录,统治者早已以国家的名义言明了这一点,只有对国家有益的历史才需要被记录。于是传奇故事排在了历史的前面,因此这部简史不免有些智利国家形象推广的性质。

歌功颂德几乎是所有国家历史都有的特质,而智利的国家史甚至还兼负了"国家公理"的角色,将一切可能为国家概念做出贡献的事实或行为都转化为史诗,进行戏剧化颂扬。克劳迪奥·盖伊不仅明白,还采取了相应的行动,他在着手书写智利的历史时总会描写其在积极推动19世纪上半叶社会形态的形成中起到的作用。在组织史料时总是将过去与当前比较,于是当这个国家独立后建立起共和国,这部作品就毋庸置疑地成了应当歌颂的真正史诗。

他在"历史卷"中展现了一幅多次被困境挑战的社会画卷,这幅画卷中的社会总是被巨大的危难考验,直到最终从苦难中恢复。于是,不幸的事件、跌宕的智利发展史和民众的坚韧一起为这个新国家添加了一笔非凡的印记,成了让这个国家骄傲的理由,以及盖伊在作品的开头就提到的,智利人民表达出的对自由的渴望。

所以在智利,史诗、英雄主义、光荣与纪念都与历史和社会的发展密切相关,特别是在共和国时期,那是一个名副其实的斗争时代：从独立伊始就为自由而战斗了大半个世纪的19世纪，以及为了发展而开展斗争的20世纪，为了享有平等的权利和机会而开展斗争的更靠近现在的时期。正如1819年第一首国歌中的一句歌词，这是呼唤胜利或走向死亡的斗争。而且随着时间的迁移和新挑战的出现，斗争已经从19世纪的军事史诗转变成了对获取更高物质享受的追求，如1890年通航的高102米、宽347.5米的铁路桥马耶科大桥（Viaducto del Malleco），这一凝结了25年劳苦的工程成了19世纪物质扩张的象征；又如贯穿了整个20世纪的实现教育与健康知识覆盖全国的社会目标；以及在工程建设方面的壮举，如1960年在地震袭击了智利中南部后的里尼韦（Riñihue）工程①；还有前所未有的运动成绩，如2004年雅典奥运会上取得的网球项目奖牌；以及直到现在仍在如火如荼地进行的战胜贫困的斗争。

智利人民有理由为这个国家越发丰富且融合的历史发展感到骄傲，在这个国家系统中，共和国、国家、智利民族的存在，以及今日稳定的体制和持续增长的经济都是这一共同体成功的证明。然而，这部与国家和民族密切相关的、被奉为公民教育典范的历史书并不能很好地解释某些史实是怎样推动历史发展的，特

---

① 1960年智利中南部的瓦尔迪维亚（Valdivia）发生9.5级特大地震，造成了该区里尼韦湖排水堵塞，严重威胁了该区居民的生命财产安全，为了排除险情，智利军队与工人、工程师一起开展了紧锣密鼓的救援工程，这一系列行为被称为"里尼韦史诗"。——译者注

别是在20世纪末期21世纪初期。

按照本书的设想，一方面讲解智利历史轨迹形成的基本过程，以当下普遍传播的国家史为基础，另一方面对一些从远古时代起就根植在智利历史轨迹中的概念进行补充，甚至提出质疑。例如，补充讲解对民生至关重要的健康和教育史，虽然这些问题并不像近几十年兴起的体制发展史和宏观经济史那样有教育意义。总之，近代史学的种种成果表明智利的历史不是单一的，多样性也是这个共同体历史的特质。

我们的出发点是当前时代及其挑战，以及解释为什么有的事情并没有按照"官方历史"设定的方式发展。

因此我们深入文化、精神、集体行为和自我表现，扩展历史分析的时间框架，质疑了所谓的历史轨迹中的例外情况，提出了历史中各当事者未按照预期发展的关键，例如在1973年的国家政变中丢失了共和主义价值观。

历史的延续性也存在于国家和政治这两大怪物之外，这两者分别是现代的产物和现代的创造者，应当从历史长流中的智利人日常的元素中寻找。或许，直到今天，国家历史演进的普遍视角还和伊斯雷尔·罗阿（Israel Roa）于1953年所作的国庆节油画一样。

9月18日国庆节，国家的标志、欢腾的符号，人民激情澎湃，爱国热情升温的时刻洋溢着民众对祖国、民族、共和国及其功绩的自豪。但这只是展现以公众和家庭为代表的公众欢庆时刻，并没有深入个人层面，这种时刻往往看不到那些在日常生活中仍在遭遇不幸或经济困难的个体，这些个体的经济状况并没有如宏观经济那样的成功，而他们所面临的现实也与整体视野中的现实有很大的区别。

在剖析社会、经济、文化、制度发展关系的同时，我们还将探讨一些具体的生活迹象，读者将从中明白为什么智利从18世纪开始的扩张对大多数人来说只是一种幻象，不是说它没可能实现，但至少在20世纪末期之前都与现实相距甚远。本书还将一步步地展示一些让智利民众不同于其他国家人民的元素，从而解释智利的社会模式与现状形成的原因，以及这个国家融入全球化的方式。

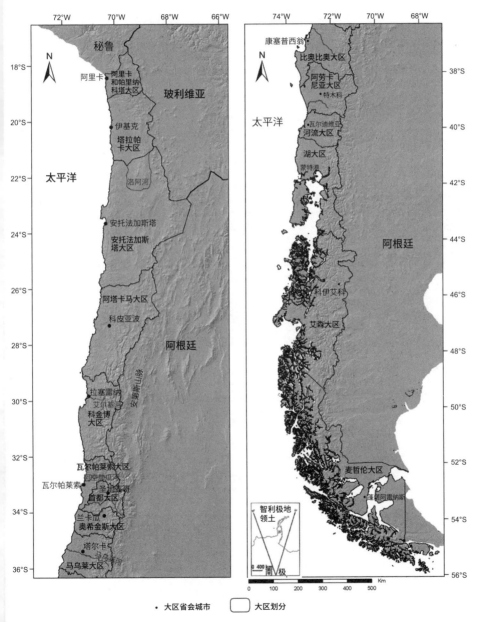

目录

1 地球最深处的居民   001
第一批美洲人   001
中部平原的居民   008
复活节岛岛民   011
土著文化   014
马普切人或阿劳科人   018

2 美洲征服史和历史中的主角   025
欧洲的扩张   025
新发现及其影响   028
美洲的征服   030
西班牙征服者   035

3 智利，帝国的末端   039
智利的欧洲人   039
南部扩张   044
16 世纪的黄金与社会   048
西班牙帝国尽头的土地   052

4 美洲的花园——殖民地智利　057

殖民　057
阿劳卡尼亚的战争与和平　060
殖民经济　063
18世纪的物质繁荣　065

5 混血社会　071

社会部门、活动及分工　071
物质生活与社会事件　077
艺术与文化　084
热情好客作为集体补偿的方式　089

6 组建共和国　099

民族独立的历史背景　099
独立过程　102
共和国的挑战　108
公民爱国教育　114

7 保守秩序与强权统治　121

保守派的优势　121
智利，从自然秩序到强权秩序　129
达尔文在智利：地质奇观与社会反差　136

8 基础资本化 139
工业原材料与粮食生产 139
社会与文化发展 145
自然学家记录的从殖民地到共和国的变迁 150

9 国家扩张 159
智利，矿业之国 159
农业扩张 162
货币体系与工业 164
智利，庞大的医院 168
疫病及其后遗症 174

10 国际争端 179
反西班牙战争 179
边境争端 188
太平洋战争 190

11 自由社会 195
社会与文化扩张 195
为自由而斗争 200
政策与铁路 206
1891年内战 209

12　自由制度的危机　215
议会制　215
社会形势　217
脆弱的经济　221
文化与教育　222
获得权力的中产阶级　225

13　发展主义者的努力　233
内向发展模式　233
灾难性的通货膨胀　236
社会现实　239
文化世界　243

14　民主的危机与恢复　247
政治演变　247
体制的破裂　253
军政府制度　256
智利的独裁主义　263
民主的恢复　268
一个批判性社会的期望　277

写在最后　283
参考文献　287

-1-
地球最深处的居民

第一批美洲人

这片土地上最原始的居民群落散落在今天智利国土上的不同地区，以狩猎和采集果实为生。他们的到达要追溯到大约14500年前，通过至少三波迁徙浪潮，穿越白令海峡从亚洲来到美洲，占据了美洲的西南端，这些移民几乎是当时美洲全部的人口。

第一批美洲居民是在15000年前到达的，那时的海平面比现在低70米到100米，他们赶在威斯康星冰川作用之前，通过现在已经消失的连接两块大陆的桥梁实现了迁徙。人类从踏足美洲到定居美洲最南端仅仅历经了500年，这要归因于航海技术的发展。智利最古老的人类遗骸发现于塞纳雷恩卡维（Seno de Reloncaví）附近的蒙特维德（Monte Verde）遗址，这些骸骨来自14500年至14200年前的人类。

美洲大陆上的第一批居民起源于160000年前蒙古地区的智人。他们一开始定居在北美洲广阔的平原地区，后来各个游牧族群渐渐地扩散到了整个美洲地区，并到达了这片大陆最末端的角落——智利。

在这片大陆漫长的人类迁移历史中，游牧的猎人们依靠捕鱼和采集食物为生，这一段时期被称为前农耕时期，由于那个时候还没有农业，人们也不需要制造储存食物的容器。这一时期狩猎采集者的文化发展进程正好在现今的智利领土上有所呈现，至少从不同地区的考古遗迹中的残骸可以推断出这段历史。

人们从美洲大陆的北部来到今天的阿塔卡马沙漠（desierto de Atacama）地区，那时候这一地区的气候温和潮湿，于是迁移者们被这里丰富的动物物种吸引，成了第一批定居者，这些定居者留下的文明遗迹散落在广阔的阿塔卡马东部地区。其中最古老的遗址要数伽其（Ghatchi）遗址，该遗址海拔2800米，位于圣佩德罗德阿塔卡马地区附近，遗址内发现的残骸表明曾经居住在这里的是一群会用石头制造投掷物和斧头的人，而石斧是当时的文明中最先进的工具。残留的石头结构遗迹还表明当时的定居者已经开始建造房屋和坟墓。

位于阿空加瓜运河（Río Aconcagua）和塞纳雷恩卡维之间的智利中部某些地区也曾被游牧族群光顾过，但尚不能确认他们同样是来自大陆北部还是翻越了东边的山脉。在如今已经干涸的塔瓜塔瓜湖（Tagua-Tagua）附近，有着智利中部地区最古老的考古遗址，在该遗址已经发现了石刀和被当作工具的锋利骨头，以及乳齿象和马的化石。在洛斯维罗斯（Los Vilos）附近的奎雷奥（Quereo）还发现了被人屠宰过的动物骨骼，这些骨骼与塔瓜塔瓜湖的遗迹都来自1200年前。

智利南部毛林河（Río Maullín）附近的蒙特维德遗址内的遗骸拥有14200年到14500年的历史，其中的垃圾遗骸显示，当时该地区的居民已经开始摄入多样化的食物，并且有着明确的分工，这两点都代表了一定程度的社会发展。除此之外，该遗址内还发现了海鲜、蔬菜和灭绝动物的遗迹。

美洲更南部的巴塔哥尼亚地区的人类踪迹则可以追溯到10000年前左右，生活在这一区域的是会猎杀动物的游牧族群，磨齿兽[①]（milodón）就是他们猎捕的对象之一，这一族群在麦哲伦平原地区迁徙游走。有的定居在平原的人为了捕鱼乘独木舟航行到了北

---

① 磨齿兽（milodón）是生活在南美洲的一种已灭绝的动物。

部群岛的边界，而该地区原本存在着两种文化：平原地区的陆地狩猎文化和海岸地区的捕鱼文化。麦哲伦海峡北部的费尔（Fell）洞穴里发现的遗迹显示，这里的原始居民们已经可以使用石头制造刮削器、投掷物和其他物品，这些遗迹源于10760年前。正是这片陆地上的居民后来迁徙到了那时还与大陆相连的火地岛（Tierra del Fuego），伊努蒂尔湾（Bahía Inútil）底部和马拉奇（Marazzi）发现的大约8000年前的遗迹可以证实这一点。

一系列的证据均可证明，现在的智利早在约14200年前就有了它的第一批居民，而且也能推断出它的早期居民是从不同的方向到达这片土地的，最古老的考古遗址分布在不同的地区。从到达这片土地到与西班牙人相遇期间，这些早期居民们有着截然不同的演进过程，每个族群的发展都因他们所处的自然环境带来的影响而存在差异。

北部居民的定居史要追溯到大约11000年前的普纳（Puna）和阿塔卡马沙漠的峡谷地区。那时候该地区的环境还不像现在这般荒芜贫瘠，还有一些湖泊和不同种类的动物。在这片栖息地中，人类以猎捕骆马、啮齿动物和鸟类，采集豆角果实和植物蔬菜为生。于是沙漠中诞生了狩猎采集文明，随之渐渐演化出了农业文明，而这批居民也长久地定居了下来。

这一时期，家庭群体以洞穴为房屋，聚集在火堆周围享受每日狩猎的果实。还有遗迹证明除了狩猎和采集之外，该地区的居民还与海岸的居民有交换活动。

北部海岸最早的居民史应追溯到5000年前。后来的人类已经能够开发各类海洋资源，使用的工具有贝壳和仙人掌刺做成的鱼钩、鱼叉，以及纤维植物织成的渔网。他们猎捕的海洋物种有海狮、鱼类、鲸类。除此之外，鸟类、啮齿动物和羊驼也在他们的菜单之中。他们还用灰糊将石头砌成圆形的房屋，然后用海狮皮搭建房顶。

大约4000年前，这群人开始编织篮子、羊毛毯，加工羊驼皮。而早在大约9000年前，这些人就已经开始制作木乃伊，他们使用植物、羽毛、皮革和羊毛来充当死者的肌肉和内脏。该地区的气候变化解释了这种做法的可行性，同样也让海洋资源储量增加，例如水资源的可获取性让人口的增长成为可能，而且不只是生者，还有用死者制作的木乃伊数量的增加。

新克罗（Chinchorro）文化里没有复杂的丧葬形式，只是将死者埋葬在居住区附近的沙漠里。干燥的气候让尸体无法分解和腐蚀，让生者和死者能共存在一个环境中，这让人们不得不寻求一种方法来解决大自然带来的麻烦，于是出现了木乃伊这一仪式。但当这种行为背后的自然因素改变后，这种仪式也逐渐消失了。

大约4000年前，北方的狩猎采集者开始发展农业。但农作物的出现并没有立即根本性地改变这些居民的生活习惯与文化习俗。他们的生活过了上千年才产生实质性的转变。

第一批农作者定居于最北端的阿扎帕（Azapa）山谷，他们在那里建起了朴素的芦苇屋子，并用南瓜、辣椒、藜麦和玉米制作食物，除此之外还从大海里捕获食物。在开展农业活动的同时，这些居民的手工技艺也在不断提高，开始制作陶器和冶炼铜器。带花纹的编筐、羊驼毛织物、制作有色彩的衣物就是当时所有的手工业。众所周知，阿扎帕居民有一种习俗，用羊毛头巾包裹头部，以改变颅骨的形状，使颅骨变得更加细长，在阿扎帕人看来，这是美丽的标志也是族人中社会地位的象征。

大约2500年前，阿扎帕山谷的居民在农业生产上取得了显著的进步。玉米、辣椒、木薯、藜麦、豆类和红薯是他们农业生产的基础。除此之外，他们还在海洋和狩猎中获取其他产品。

农业生产牢固的基础让建立部落成为可能，阿扎帕人开始了定居的生活，这一切都给日常生活、政治和社会构架带来了巨大的变化。阿扎帕人建立的第一个聚居地有着为防御而筑起的长方形围墙，围墙里约有500人居住。这些人定居在阿塔卡马沙漠大北部地区（Norte Grande）的峡谷之中，因为这一地区有可支配的水资源。

在农业和畜牧业巩固发展的同时，北部各族群之间活跃的贸易也逐步开展起来了。

服务于日常生活的陶器和篮子编制工艺也在不断精细完善。住房都增建了木材和石头的门楣，里面还挖了一些地洞用以储存日常消费品。后来，还将人工灌溉引入农业劳作之中，从而扩大了农作物产量；房屋也用石基加固，周围由蒲草和芦竹扎成围墙，还有专为牲畜建造的畜栏。建造技术和食物保存技术都得到了提高，人们开始制作玉米面粉、奇恰酒（Chicha）、骆驼肉干和冻干土豆。

北方居民的发展让村落的建设变得越来越复杂。他们的房屋一般是两到三个矩形的土坯房，其中厨房是家庭聚会的地点，一家人可以围坐在炉灶旁。随之出现了叫做"普卡拉"（Pucarás）的村落，这里有连绵的房屋、街道、食物储藏室和畜栏，这些建筑都被围墙保护着，村落的四周是由复杂的灌溉系统灌溉的农田。

村落里的日常生活一大早就开始了，孩子们带着当天的食物外出放牧，在放牧的同时采集一些瓜果和蔬菜，如果是女孩子则趁机做一些雕刻和编织类的活。男人们在山谷间的农田里劳作，或是做些手工活、狩猎、采集果实。女人们则忙于织布、裁衣以及操持家务，如做饭和照顾孩子。

中部平原的居民

中南部地区的居民为狩猎采集者。专家认为他们和11000年前在此定居的原始居民同为一脉，他们主要的食物来源为大型哺乳动物，如乳齿象、密齿象、美洲马和沼泽鹿。狩猎时他们将动物围困在山沟之中，再用刀具、石头刮刀和骨头锥子将它们屠宰。洛斯维罗斯和塞纳雷恩卡维区域都是这些狩猎采集者的栖所。

中部地区的第一批居民所处的环境与现在截然不同。12000年前的气候比现在更加寒冷多雨，成片的冰川占据了雪山的峡谷，海平面比现在低好几米。低洼地区的植被更加丰富厚实，给大量动物物种的生存提供了有利条件。

环境条件发生改变以后，气候变得更加炎热干燥，许多动物和农作物因此灭绝。这也意味着狩猎采集者们的生活方式和饮食习惯随之改变，他们不得不适应小北部（Norte Chico）地区的半干旱气候，中部山谷的肥沃和南部森林的潮湿。因此他们用2000年发展出了采集狩猎的生活方式，这也得益于多样性动物物种的存在。

猎杀羊驼和在横向山谷的山坡上采集的植物是该地区居民在10000年前最主要的食物来源。皮革制作、锻造石头和骨头工具以及篮子的编织也是他们的主要工作。大约5000年之后，他们的后代已经开始自己栽种一些植物，发展农业，开始定居式的生活。

在海岸，其他的族群靠猎捕海狮和鸟类，收集贝壳、海刺猬、海贝和植物种子为生。这些渔民身体健壮、身材矮小，已经发展出了能够靠海洋资源生存的技术。用海狮皮做筏子是他们最伟大的发明，这种筏子让征服大海成为可能。

当脱离了对狩猎和采集的依赖之后，小北部的居民开始种植玉米，饲养羊驼，采集果实，获取海洋资源。他们定居在横向山谷和海岸，在科皮亚波河（Copiapó）和恰帕河（Choapa）之间建立极具流动性的社区，因为驼类动物需要在夏季从低处的山谷向雪山迁移寻找牧草。

这些史前农民还在这一地区开始了陶器制作。他们制作的杯具和水壶十分精致美丽，还能设计制作出动物和南瓜形状的陶器。除此之外，他们也是冶金者和织布能手。

他们住在由泥土、木头和稻草堆砌的小村庄里。农业活动是他们的主要活动，对农业的投入驱使他们修建水利工程。在玉米和藜麦等传统农作物的基础上，他们还栽种棉花、饲养家畜、完善制陶工艺，手工艺水平达到了堪称艺术的水准。

大约10000年前，居住在不远处的塔瓜塔瓜湖的狩猎者以青蛙、鸟类和男人们猎捕的其他动物为食，妇女、老人和孩子们则采集蛋类和种子。

而海岸边居住的捕猎者则靠牡蛎、贝壳等从大海中获取的食物为生，为从海中猎取资源，他们制造了尖锐的投射物、刮刀等石头工具。

公元前3世纪，这些居民开始开展农业生产，然而狩猎和采集仍然是他们的主要物资来源。后来他们也发展起了羊驼畜牧业。

进入公元纪年后，这些群体也开展农业生产，但只是住在由树枝和泥土堆砌的简陋房间里，并没有形成村落。其生产的主要农产品是豆类和玉米。这些族群定居在恰帕河与迈波河之间的地区，分布在沿海、山谷和山脉之中。

南方原始居民生活的主要特征为狩猎动物和收集蛤蜊、贻贝和蜗牛。这些居民已经发展出了初级的研磨技术，会研磨一些植物制成粉状食物以备荒年之需。公元6世纪时，这些居民开始发展农业，种植土豆和玉米。在山区猎捕羊驼、鹿，采集松果和南美杉的果实。

这些族群并非定居居民，但还是随四季的变化种植了一些农作物。在农业之余，主要开展狩猎、采集和制陶的工作。他们的日常工作主要包括木制品制作、编织篮子、织布、畜牧、农耕、狩猎和采集。

在西班牙人到达这片土地的几个世纪之前，南方居民分布在山区、盆地和沿海平原等地，以家庭为单位居住在各自的茅屋里，还没有形成村落。

复活节岛岛民

复活节岛文明的源头是波利尼西亚文明，这一文明发展出了复杂的社会组织形式和高度的经济水平，后来复活节岛文明的衰败也没有阻碍这一文明延续至今，复活节岛在1888年被并入智利国家领土。

复活节岛位于太平洋中部，与世界上其他地方都相隔甚远。然而，这种孤立并没有妨碍它发展成为前哥伦布时期最杰出的文明之一。

复活节岛上发展出了非常复杂的社会、科学及艺术，如文字、大型的雕刻、工程学知识、天文学知识等。有趣的是，在复活节岛文明中，并没有像欧洲、美洲和亚洲文明那样，将小麦、玉米或大米作为他们食物的基础。

在这片仅有163平方公里的狭小土地上，复活节岛的人口一直都维持着可观的数量，这意味着他们必须建立精巧的农业体系，从本质上说就是种植可食用的植物。岛上的考古遗迹和人类学、语言学分析都证明复活节岛上的首批居民来自波利尼西亚东端的马克萨斯群岛（Islas Marquesas）。他们大约在公元1世纪到达，准确时间尚未能考证。首批移民乘坐大型木船而来，每条船上乘坐了上百人，并携带了维持生计所需的工具、仪器、植物和动物。

世界肚脐（当地语言中的Te Pito或Te Henúa）神话讲述了人类是怎样为了梦想穿越太平洋的。在传说中，一个年轻人带领六名开拓者来到了岛上，在大概了解了复活节岛之后，他们做好了迎接宏图马图王（Rey Hotu Matu）以及他的民众的准备。王带着他的民众在星星、洋流和鸟类的指引下在几个月后也到达了这片土地。

在复活节岛这样热带气候特征显著的地方，移民者带来的植物应该很难结出果实，比如波利尼西亚人的基本食物来源椰子树和面包树就被当地气候排斥。虽然海洋中的资源非常丰富，但是海洋资源的开采难度极大，另外因为宗教原因，岛民还需遵守禁猎期的规定。不过肥沃的土地很快就开始结出果实，如芋头、甘薯、甘蔗、南瓜和香蕉。森林为建造雕像和船只提供了木材。

因为岛上只有海龟、海鸟和鱼，陆生动物只有老鼠和鸡，岛民的基本食物均为农耕产品。移民者们的农耕活动十分密集，他们用石块圈起适宜的耕地，同时也砍伐树木，在森林中用砍伐、火烧的方式开垦耕地。

复活节岛的岛民们还利用多种多样的植物创造了一系列在日

常生活中使用的手工艺品。例如用南瓜做食物的容器，从树根中提取植物的染料，从树皮中提取纤维为部落首领制作裙子和斗篷。而其他人只需要用头发织成的绳子将一块缠腰布缠在腰间就可以了，这还要感谢适宜的气候。

岛上的房屋是由墙壁、茅草屋顶和木架构建而成的。这些房屋没有窗户，有的会在前面铺一些石路。广场和祭坛的建造也是这些定居者们关心的问题。他们用开凿的石头修砌平台建立摩艾石像仪式区。每支血脉的民众都有各自的政治、宗教和社会经济中心，因此岛上的建筑量非常大。

在复活节岛上，王、他的朝臣、祭司、战士从第一批居民上岛时就被认可，这些人组成了贵族群体，也是能够解读神圣文字的人群。在他们之下是工匠、渔民和农民。在这个刻板的社会中，王是神的直接后代，拥有被称为"玛那"（mana）的超自然神力，这股力量就在王的脑中，却被一系列限制性规定封锁。这个社会的根基是普通民众，他们的税赋维持了祭司们的贵族地位。来自共同先祖的家庭组织聚集形成独立的部落，最初只是四个小部落，后来各部落逐渐壮大，各自占据和控制了岛上的一片区域。

代表了岛人先祖的摩艾石像是用大块的火山石雕刻而成的。初期的石像体积较小、头部较宽、耳朵较短。后来才慢慢发展形成了我们现在能在复活节岛海岸欣赏到的经典独特的石像风格。

摩艾石像雕刻和落成的整个流程都严格地遵守神圣礼仪进行，这一流程象征着一位拥有超自然能力的先祖带着神的身份来到人间。石像落成仪式中最重要的部分是为石像装上眼睛。他的目光意味着从这一刻起这位祖先的力量复活了，并能继续守护他的家人和土地。

现在约有4000名复活节岛的岛民已经是智利的国家公民，不过当地的长老委员会拥有一些决定岛上日常事务的权利，岛民们越来越多地参与国家活动之中，虽然他们总是抱怨"大陆人"（即智利人）的生活方式，但还是慢慢接受了在文化融合进程中获得的好处。

土著文化

1536年，当西班牙人开始征服智利时，发现这里的居民散落地分布在这片土地的各个地区，而且不同族群之间的差异非常大，他们各自独立地生活着，有着非常不同的文化。虽然北部、中部和南部原始居民都是狩猎采集者，但在西班牙征服者们看来，他们的文化状况各不相同。他们大部分还停留在原始文化层面，以狩猎和采集为主要日常活动。极南端的居民数量极少以至于没有受欧洲征服者太大的影响，因为他们并没有直接接触过征服者。

当时中部的居民因开展农业生产已经过上了几乎完全定居的生活，定居在恰帕河和塞纳雷恩卡维的居民是当时智利土地上最重要的原住民。而北部的居民已经发展出了先进的文化、高级的社会组织和较高的经济水平。

地理和气候的差异从外部影响了各个族群的文化、经济和社会现象的形成，造成了智利土地上原住民文化之间的差异。

以狩猎和采集为生的居民所处的环境不适合发展农业。他们的生活日常就是不断地收集食物，因此具有一些游牧民族的特性。而有的农作者，在发展农业的同时也将狩猎和采集作为他们重要的活动，因此他们过着半游牧的生活，与其他美洲原住民比起来，这些半游牧民族的人还不足以建立起高级的社会组织。

而更先进的农耕者，定居居民，有着稳定的食物来源，这就让他们有条件开展其他的活动，例如手工艺，建立社会、政治体系，也让他们有时间开展对神的崇拜活动以及进行精致的文化创作。

这片土地上各地区的狩猎采集者所处的环境各不相同。居住在北部海岸的昌科人（Chango）主要从大海里获取资源并与内陆的居民交换食物。渔民部落中最具代表性的文化元素要数海豹皮做的筏子，他们就是乘坐这样的皮筏出海捕鱼的。

在安第斯山脉，从马乌莱河（Maule）到麦哲伦海峡（Estrecho Magallanes），住着大量的原住民，西班牙人给他们取了不同的名字，但这些人的生活方式和习惯大体上是相同的。他们是普埃切人（Puelches）、波雅人（Poyas）和特湖尔切人（Tehuelches），也都被西班牙人叫做巴塔贡人（Patagones）。普埃切人居住在安图克（Atuco）与雅伊玛（Llaima）火山之间的地区，日常活动除了猎捕动物还有采集南美杉的果实和松果，这些都是他们过冬用的食物。

从奇洛埃岛（Chiloé）往南到火地岛居住着不同族群的狩猎者、捕鱼者、采集者。有古科人（Cuncos）、奇诺人（Chonos）、阿拉卡鲁菲人（Alacalufes）和亚卡内人（Yaganes），以及海边的游牧民族，他们为了获取食物寻遍了所有的河道，才得以在严苛的环境中生存下来。居住在火地岛的奥纳人（Onas）是熟练的猎手，他们的猎物有狐狸、羊驼和田鼠。

早期的农耕者居住在这个国家的中部地区，特别是恰帕河和塞纳雷恩卡维之间的平原地区，不同地区的族群有着明显不同的文化。其中文化最先进的要数皮昆切人（Picunches），他们占据了直至伊塔塔河（Río Itata）的地区，肥沃的土地和良好的气候条件让他们能够靠农业生产自给自足。除此之外，他们还挖建水渠，发展手工艺，庆祝各种节日。

伊塔塔河以南是马普切人（Mapuche）的栖所，在这里，受气候条件和地理条件限制，农业活动的开展有些困难，所以相比狩猎和采集，农业的重要性没有那么高。然而，到16世纪中叶时，农业活动已经在该区域的居民中普及，于是狩猎和采集的重要性就减小了。胡依切人（Huilliches）、马普切人和皮昆切人共同构成了马普切民族，征服美洲大陆之后西班牙人把他们叫做阿劳科人（Araucano）。现在他们的后代都称自己是马普切人。

北部地区虽然受水资源匮乏的制约，却是智利最早的前哥伦布文明的发源地。大部分在这片土地上的族群都发展出了复杂而精细的社会和文化体系。他们也是智利早期的农耕者。

阿塔卡马人定居的范围从山脉峡谷延伸至阿塔卡马沙漠。他们建立起的精良灌溉系统让他们能在沙漠中拥有食物来源。他们以家庭为单位聚居生活，而领导权被掌握在长老会中。除了开展农业之外，他们还制造铜器、银器、篮子、纺织品和木雕。

迪亚基塔人（Diaguitas）居住在小北部的横向山谷之中，他们也是农业大户。不过他们最杰出的创造物还是要数陶器，迪亚基塔人生产两种类型的陶盆，一种简单没有装饰，用于家庭日常，另一种加了一些黑色、红色和白色的几何图案。

北部的民族在智利各民族中受印加文化影响最深。印加帝国的存在对其统治下的民族发展极为重要。印加人在所有征服的领土上重新组织人口，推行太阳崇拜，并将盖丘亚语（quechua）作为通用语言。对于北部的阿塔卡马人和迪亚基塔人来说，印加人的统治让扩大耕地和采用先进的农业技术成为可能，他们还专门为印加帝国的使者修建了道路和旅馆。印加文化还影响了当地的陶瓷艺术，为当地陶艺拓展了新的设计和用途。除此之外，印加人还改变了受统治区域民族的宗教习惯。

印加文化在智利的势力扩张到迈波河地区时，被居住在这一区域的马普切人击退，停止了扩张。

在西班牙人抵达以后，智利原住民的命运被突然改变，有的民族甚至就此消失了。然而不可否认的是，这些原住民民族对这个国家后来的历史演进或多或少地产生了影响，特别是在地方认同上，比如语言、习俗、节日和食物的选择，这些都是每个地区特有的发展结果。如今，这个国家11%的人口宣称他们是某原住民民族，其中84%为马普切民族，这些人都为自己的文化能够存活下来而充满感激。

马普切人或阿劳科人

马普切人，又称阿劳科人，早期的狩猎采集者，是欧洲人攻克美洲时智利土地上数目最庞大的原住民民族。他们用自己的生活方式和社会政治组织抵制欧洲的入侵者。

马普切人,或被称为大地之子,是居住在恰帕河与奇洛埃岛之间的族群。但最初只有居住在伊塔塔河和托尔顿河(Toltén)之间的居民才被认为是马普切人,因为那是马普切人的土地(在当地土语中,"马普"意为大地,"切"意为人民),是同胞们的土地,也就是说,是所有同一血脉的人民的土地。

其他的马普切人甚至没有这个名字,北方的马普切人叫做皮昆切,南方的叫做胡依切,东方的叫做普埃切,西方的叫做拉夫肯切(Lafkenches)。虽然皮昆切人、胡依切人和普埃切人与马普切人有许多相似之处,但与马普切人并不完全一样,这些人都被认为是"半人"。马普切人不仅存在于智利,巴塔哥尼亚地区也有他们的居民,各地的居民间还存在着长期的文化、经济交流。

在首次与西班牙人对抗之后,阿劳科人(马普切人)的领地缩小到了比奥比奥河(Biobío)以南,后来这片地区被西班牙人命名为阿劳卡尼亚(Araucanía)。

农业是马普切人(或阿劳科人)生存的基础。他们主要的种植物有小麦、玉米和土豆,除了这些主要作物还种植生菜、洋葱、胡萝卜、卷心菜、甜菜和西红柿。他们所有人都会投入土地的劳作中。由于地形的崎岖和土地受到的侵蚀，马普切人的耕地面积小且质量差。他们在农作中会使用马匹和耕牛，后者主要用于比较繁重的农活和拉车。使用的农具主要有木棍和锹，锹是用于铲土的一头尖的棍子。

产毛的牲畜也在马普切人的生产活动中有着十分重要的分量，特别是既能产肉又能产毛的羊。有的居民还会养牛，让牛产奶。除此之外，还会养鸡、鹅、火鸡和猪。除了农业和畜牧业，他们还发展了纺织、陶艺、木雕、石刻和编织等手工业。女人们除了做家务之外，还要负责织布、照顾小孩、承担一些农活。

在狩猎和采集方面，马普切人会猎捕各种各样的动物，例如啮齿类动物和羊驼，这些猎物也会成为他们的食物。马普切人还会采集野树根和野果，也从大海中获取不少资源，如鲍鱼、贝壳、蛤蜊、贻贝以及其他各种鱼类。他们捕鱼的主要工具是草船和捕鱼杆，夏天是捕鱼活动比较频繁的季节。男人们负责与狩猎和采集有关的活动。

轮耕、狩猎和采集的需求让马普切人以半游牧的方式生活着，他们从来没有建立过村庄，只是分散地生活在他们的土地上。马普切民族的基本特征之一是建立起了阶层分明的社会。其中，每个家族或者说每条血脉的成员都有着不同的社会地位。隆科（Lonco）是每个家族的首领，拥有从亲人们的认可中获得的威望与权力，而其威望与权力的大小取决于他从战争中获取的财富和妻子的数量。

马普切人从来没有形成融合社会。虽然他们在地域和人口方面都有较大的扩张，但马普切民族显著的独立发展特性让他们没能像别的原住民民族那样发展为国家。过于严苛的领袖制度阻碍了马普切人的发展，他们只接受与自己有亲属关系的领导人。只有在战争发生的时候，大家会服从托其（Toqui）的命令，托其只是战争环境下的军事领袖，一旦战争结束，托其便消失了，在托其的领导下建立的家族联盟也会随之一起解散。还有另一种特殊的领袖叫做乌门（Ulmen），乌门是和平年代被选出来带领大家做一项具体工程的领袖，比如修建房屋或是收割庄稼。

在宗教信仰方面，马普切人认为世界上存在着两股既对立又互补的力量。正面力量叫做尼昆切（Ngenechén），负面力量名为维库夫（Wekufu）。尼昆切代表着创造和生命的力量，而维库夫则意味着毁灭和死亡。马普切人在这两者之间寻找着平衡。

只有女性才能从事与神灵或魔法相关的事务，对马普切人来说，魔法分为两类，正面魔法和负面魔法。马其（Maqui）负责从事正面的魔法，而卡库（Kalku）负责施行负面的魔法。马其是各类草药专家，他们能够治愈疾病、驱散恶的灵魂，其亚渡（Guillatún）就是他们施展自己能力的仪式。在马普切人眼中，死亡并不存在，生命是无限的，而人生在世只是生命的一个阶段而已。死亡是生命向亡者国度过渡的过程，在亡者的国度，灵魂是永恒的。

在阿隆索·德·埃尔西利亚的史诗《阿劳卡纳》中，永垂不朽的马普切人（或阿劳科人）是智利原住民中数量最多的民族，因此也在后来的人种混血、文化习俗甚至思想观念方面最大限度地影响了智利民众。他们的历史有史诗般的时刻也有边缘的时刻，后者主要是在共和国时期，马普切人的历史和愿望对智利民众的影响几乎消失了。

如今，宪法已经承认了马普切民族的原住民民族身份，对其文化表示理解和尊重，并归还了世世代代都属于马普切人的土地。政府还制定了改善他们边缘化的社会地位和贫穷的社会状况的政策。

前哥伦比亚时期的智利

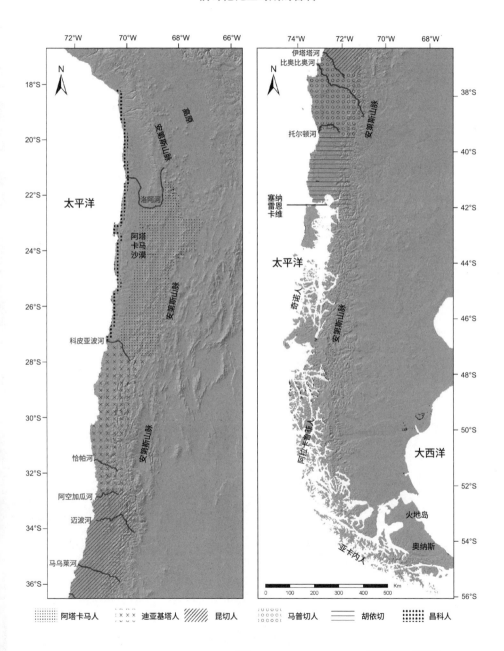

-2-
美洲征服史和历史中的主角

欧洲的扩张

中世纪绝对君主制的出现是欧洲向海外扩张的政治原因之一。绝对君主制集中了所有社会力量为各自国家的发展壮大铺路；西班牙、葡萄牙、英国和法国纷纷开启了探索与发现的冒险之旅，在他们到达美洲大陆的20年之内，卡斯蒂利亚人和利西坦人就踏遍了美洲的大部分地区。

欧洲人的科学精神，以及有关探索和发现的读物刺激了文艺复兴时期的人们，大家都有对未知事物的强烈好奇心和开创一番事业的热情。那个时代的科学和技术也让航海事业获得了长足的发展，人们制造出了更大、更安全、更快的新船只，例如三桅帆船,这让出海时间可以持续数日之久。

诸如指南针和罗盘一类航海仪器的运用也起到了决定性的作用,这让水手们能够更好地辨别方向。船舵和船帆的性能也得到了改善,拉丁帆更好地运用了风力,船只甚至可以逆风航行。天文学和制图学方面取得的进展也对提高航海安全性起到了至关重要的作用。

开辟商路也是欧洲开展扩张的基本前提,当时的资本主义体系正在形成,欧洲人需要开辟一条通往诸如香料等珍贵商品原产地的商路。

在大西洋沿岸的国家中,葡萄牙王国拥有开展海洋冒险的先天优势。葡萄牙皇室成员"航海家亨利"推动了沿非洲西海岸航行的路线的形成,一路向南,寻找印度。通过这些航行,葡萄牙人在15世纪探索了整个非洲海岸线,发现了马德拉群岛和亚速尔群岛,并在1487年到达了非洲的最南端。巴尔托梅乌·迪亚斯(Bartolomeu Dias)的发现让开拓航行得以继续沿非洲东海岸开展,直到1497年,巴斯克·达·伽马(Vasco de Gama)到达印度,登陆了令人垂涎的香料岛屿。

葡萄牙人的冒险让他们在非洲海岸线上建立起工厂,获取奴隶和黄金,在黑色大陆建立起殖民地,如印度、苏门答腊、爪哇、婆罗洲和摩鹿加群岛,据此与亚洲开展贸易。

与此同时，克里斯托弗·哥伦布正在构想着从西方通往亚洲，这位水手向葡萄牙国王胡安二世介绍了自己的计划，但葡萄牙国王并不相信他的计划，因此拒绝了哥伦布的提议，当时的葡萄牙已经将所有的精力放在了东方，环行了非洲。于是哥伦布辗转到西班牙，打入了当地贵族和修士的圈子，并被带入了宫廷，他的想法得到了伊莎贝尔·德·卡斯蒂利亚和费尔南多·德·阿拉贡两位天主教国王的肯定。

与葡萄牙人不同的是，西班牙人试图穿越大西洋，从西部打开一条通往印度的道路。这比葡萄牙人的航行风险要大得多，因为大西洋在当时还是一片不为人知的海域，探索大西洋意味着必须远离海岸，在陌生的海域中航行。

哥伦布与西班牙国王签订了"圣达菲协定"，根据该协定，哥伦布将被任命为他所发现的土地的总督，同时被授予海军上将的头衔。于是，哥伦布在拉比达修士和平松兄弟（Pinzón）的帮助下雇来了帆船"平塔"号和"尼雅"号，以及旗舰"圣玛利亚"号。三艘船带着300人于1492年8月3日离开帕洛斯港。经过两个月的航行，船队于10月12日达到瓜纳哈尼岛，不久后又到达了古巴和海地，并将后者命名为伊斯帕尼奥拉岛。哥伦布到达了新的大陆。1493年，他再次开启了对美洲大陆的探索，发现了安的列斯群岛（Las Antillas）、维尔京群岛（Las Vírgenes）和加勒比海的几个岛屿。哥伦布在1498年的第三次美洲之旅中，探索到了委内瑞拉海岸和特立尼达岛（Trinidad）。在1502年第四次也是最后一次航行中，哥伦布巡遍了中美洲地区，并建立了新的殖民地：圣玛利亚德贝伦（Santa María de Belén）。

16世纪时，西班牙王室又授权了一些其他探险队开辟新航线、扩张已知世界。其中重要事件有1513年，瓦斯科·努涅斯·德·巴尔沃亚（Vasco Núñez de Balboa）发现了南海，也就是今天的太平洋；1519年，埃尔南多·德·麦哲伦（Hernando de Magallanes）从西班牙出发寻找一条不经过美洲直接从大西洋到达太平洋进而到达印度的海路。这位葡萄牙航海家在1520年11月发现了麦哲伦海峡，却在与塞巴斯蒂安·艾尔卡诺（Sebastián Elcano）一起的第一次历史性的环地球航行中逝世。

新发现及其影响

两个庞大的殖民帝国的形成、贸易量的增加和知识的巨大进步是发现美洲大陆带来的最重要的改变。

葡萄牙通过掌控非洲沿岸的工厂和奴隶来控制香料之路。而西班牙获得了美洲大部分地区的控制权。西班牙和葡萄牙的扩张引来了英国和法国的敌意，因为西葡两国从一开始就拒绝分享新世界带来的利益。

由于西班牙人和葡萄牙人将各自领土上的贸易都抓在自己手中，法国、英国以及后来的荷兰人纷纷武装起海盗船，不断地攻击西班牙进行消耗战，与西班牙人在欧洲大陆公开对抗。这些民众都受到了各自国家的支持，成立公司以掠夺西班牙船只。所以海盗其实起源于英国、法国和荷兰。

随着对土地和海域的探索，经济发生了巨大的改变：地中海的贸易路线已经失去了重要性，大西洋反而成了越来越惯常的路线，逐渐取得了首要地位并持续至今。大西洋的港口在货物吞吐量上远胜过地中海港口，特别是塞维利亚、加的斯、里斯本几个港口尤为活跃。诱人又陌生的商品纷纷到达欧洲，例如从新大陆运来的土豆、可可；美洲大陆丰富的金属也大量涌入欧洲，刺激着贸易。欧洲发展出了全新的商业风格，名为重商主义的新经济学说也由此诞生。

新大陆的发现还导致了文化的巨大变化。16世纪的欧洲人获得了对周围世界的广泛认识。欧洲大都市的语言、治理方式、法律、艺术、宗教都被强制植入被征服的土地上。地理学得到了很大的发展，新大陆的地理特征、气候、植被、动物和村落情况都被清楚地描述出来了。地图的绘制也精确、完善了许多，西班牙宇宙结构学者胡安·德·拉科萨（Juan de la Cosa）在这方面成就显著，绘制了第一幅美洲地图。

建造港口、防御工事、道路和城市的需求激励着工程师们不断进步；航海技术和造船技术也不断被完善。自然历史方面的知识也取得了不小的进展，这为美洲大陆的勘探和新物种的鉴别打下了基础。

美洲的征服

受黄金的吸引，印第安征服者队伍从加勒比地区扩张到整个美洲地区。在征服者领袖的指挥下，征服军开辟疆土、建立城市和政权。欧洲人的扩张激起了美洲土著民族激烈、暴力的反抗。

驱使征服美洲的根本是资本主义力量的扩张。这场浩大的行动是由私人公司牵头开展起来的。对于利益的渴望、攫取巨大利润的可能性让欧洲人不惧任何风险，尽管他们知道这样做可能会付出生命的代价。当巨头商人参与征服美洲行动中时，资本主义最显著的特点就此展露出来。

一个公司为了将征服行动维持下去，征服者会根据不同的情况采取各种形式的融资。资金来源有资本雄厚的实体，例如西班牙政府，或是其他一些无足轻重的实体。负债是最常见的获取支持的方式。在缺乏资金的情况下，也有人力、武器和马匹此类重要物资的支持，总之，大家都贡献出自己拥有的财物开展合作。

印第安征服者队伍并不是一支有良好组织的军事队伍，而只是一群在一位领袖的召集下自愿集结的战斗队伍。所以这些群体具有异质性，其中的成员背景各不相同，但都野心勃勃，对自己所做的事引以为豪，比起纪律严明的军人，这些人更加放荡不羁，队伍中甚至还加入了黑人奴隶和原住民帮手，他们的贡献也是不可磨灭的。

印第安征服者队伍在美洲快速扩张，最终征服了整个大陆。任务完成之后，成员们就解散了，或是留在了他们在行动中建立的城市周围。征服者们都有着建立城市的强烈愿望，因为城市能实现他们想要的多重目的：对国王来说是主权和统治的象征；对征服者和士兵来说是管辖权的扩张；建立城市更意味着增加了让土著人为之工作的可能性，让白人成为土著人的邻居、敬仰的对象，甚至农业财富的领主；总之，就是获取从西班牙出发时就垂涎的财富和地位。

西班牙人在美洲大陆建立起的第一个殖民地是哥伦布在第一次到达美洲时在伊斯帕尼奥拉岛建立的殖民地。从那以后陆续的美洲征程中，欧洲征服者们逐渐在美洲大陆新发现的地方建立殖民地。许多被征服的地方成为后来征服扩张的中心，例如伊斯帕尼奥拉、墨西哥、巴拿马和秘鲁。征服者们从这些据点出发扩大对美洲地区的殖民。

在1492年到1519年间，西班牙人攻占了整个加勒比地区，1508年，胡安·庞塞·德·莱昂（Juan Ponce de León）攻占了波多黎各；1509年，迭戈·德·尼古艾萨（Diego de Nicuesa）到达了中美洲，同年牙买加被攻占，从此掀开了攻占南美洲的序幕；1513年，胡安·庞塞·德·莱昂到达佛罗里达；1514年，迭戈·德·委拉斯凯兹（Diego de Velázquez）攻占古巴；1519年，佩德尔利亚斯·达维拉（Pedrarias Dávila）建立巴拿马城，同年开始攻占墨西哥，随后向秘鲁进军。

葡萄牙的影响范围是由航海者杜阿尔特·帕切科·佩莱易拉（Duarte Pacheco Pereira）划定的美洲大陆西南部。1500年，当一支由佩德罗·阿尔瓦内斯·卡布莱尔（Pedro Álvarez Cabral）带领的本应驶向印度的葡萄牙远征队因为偏航到达巴西海岸时，帕切科的设想被证实了。

1501年，葡萄牙人派出了一支舰队对巴西进行更彻底的勘察，其中一条船上的亚美尼克·贝斯普希奥（Américo Vespucio）担当编年史家的角色，为舰队新探索的长达3200公里的海岸线上的众多地点命名。也就是这次远征之后，葡萄牙人首次将巴西木的样本带到了里斯本，因此这片新发现的陆地被命名为巴西，这也为舰队之后的继续出征提供了依据。

为了开发巴西的资源，葡萄牙王室在当地建起了工厂，攫取在欧洲具有商业价值的产品，如巴西木、猴子、奴隶和鹦鹉。后来，从1534年起，葡萄牙人建立起了种植甘蔗的殖民地。

在南美洲西岸，如今的厄瓜多尔和智利之间坐落着印加帝国，帝国的首都库斯科位于安第斯山脉之间。1524年，弗朗西斯科·皮萨罗（Francisco Pizarro）、迭戈·德·阿尔马格罗（Diego de Almagro）以及主要出资人修士埃尔南德斯·德·卢克（Hernando de Luque）主导的远征队从巴拿马出发了。

在经历许多困难与失败以后，皮萨罗于1532年抵达卡哈马卡城（Cajamarca），在那里俘获了印加帝国国王阿塔瓦尔帕（Atahualpa），印加国王不得不用黄金来交换自由。阿塔瓦尔帕集齐了双方约定的黄金，皮萨罗却出尔反尔，还是将阿塔瓦尔帕处决了。印加国王死后，皮萨罗攻占了印加帝国的首都。1535年，皮萨罗在海边建立了利马城，这座城市后来成了秘鲁总督的首府。

在卡哈马卡城，阿塔瓦尔帕两次与西班牙人照面时都向西班牙人表示自己的神圣身份，这位万人之上的印加国王，即使是刚见面的陌生人都会在他面前卑躬屈膝，所以他在西班牙人面前并没有表现出害怕或是不信任。阿塔瓦尔帕以毫无争议的权威姿态出现在西班牙人面前，这是连西班牙人也不敢质疑的事实。但是这些西班牙人并没有理解阿塔瓦尔帕传递的信息，这两种截然不同的文化当时还没有办法对话，阿塔瓦尔帕不理解欧洲人至高无上的权利与道义——圣经，而这些西班牙人也不理解安第斯山的文化，更加不明白这位印加人的神圣权威。西班牙人与印加人的交流障碍导致了阿塔瓦尔帕的悲剧结局，西班牙人永远都无法明白阿塔瓦尔帕的神圣。

由哥伦布掀起的始于1492年的美洲征服史主要是由欧洲人讲述的，被征服者所见证的历史并没有被广为流传。对于美洲土著人来说，与欧洲人相遇不仅意味着被击败和被统治，更意味着他们生活方式的巨大改变。在这个社会中，土著人的习俗、信仰和生活都遭到了极大的破坏。

对于美洲人来说，欧洲人的到来是伤痛的。智者和祭司们都试图解释眼前发生的一切，想要弄明白这些外来人是否是神。于是就流传了一系列关于征服者出处的传说，这些传说只是混淆了土著人的视听，延迟了对入侵者的反抗。在经历了最初的仓皇失措之后，土著人流传的说法开始一致起来，都表现出对外来人暴力行径的排斥。暴力、死亡、家庭的离散、解释普世规律的动机的丢失，这一切都直接导致了原住民数量的急剧下降，这就是两个不同世界相撞带来的伤痛结果。

西班牙征服者

15世纪下半叶，在天主教国王的努力下，西班牙成了绝对君主制下的统一中央集权国家。国王终于降服了封建领主并统一了西班牙人，使西班牙成为能够将力量集中于海外扩张的强大国家。

也就是在哥伦布发现美洲的同一年，1492年，西班牙人将穆斯林人（摩尔人）全体驱逐出境，对穆斯林人（摩尔人）战争的胜利更是将西班牙国王的成功推向高潮。对于西班牙人来说，哥伦布的偶然发现意味着继续在美洲土地上与新的敌人对峙，继续他们在伊比利亚半岛上已经开展了七个世纪的征服战争与宗教运动。

西班牙的社会被烙上了战争的标记，一场战争既是为上帝而战又能收敛财富。西班牙对摩尔人的战争中的军队是由国王与王公贵族带领的骑士与士兵组成的。所有参加战争的人都能在社会上取得享有特权的地位，于是手持武器的人就成了社会的典范、最主要的贵族。在美洲也是如此。

绅士思想是对带有深厚道德内涵的个人威望的追求，一直激励着贵族。贵族团体的基础建立在纯正的血统、无可挑剔的家世、财富的拥有量、对上帝的虔诚以及对国王的忠诚之上。任何与摩尔人或是犹太人血统的混合，或是从事低贱的手工工作的贵族都是对上帝的亵渎，或是财富的缺失都能让一位贵族的社会地位降低，甚至声誉扫地。构建起拉丁美洲社会阶级的思想就起源于此。

在15世纪的西班牙，村民们在贵族的庄园里从事农业或手工业工作。他们过着贫穷的生活，屈服于贵族的权威之下，几乎没有什么权利，只是缴纳赋税来维持贵族的存在。

到达美洲的西班牙征服者基本上都是西班牙的村民，不过也有少数被剥夺了财产或社会地位下降的没落贵族。这些贵族在美洲随便一个公司或是一次冒险任务中就能谋一个有利的职位并获得可观的回报。他们的愿望是成为大领主，坐拥土地和为他劳作的人，这些人在西班牙已经看不到实现自己野心的可能，却在美洲得到了梦寐以求的机会。

到达美洲的农村人口比例超过了80%，这些不安的人们很快就意识到新世界给他们带来了改善处境的可能，这里没有他们在西班牙遭受的社会偏见的障碍，这是一个开启全新生活的机会。

大多数抵达美洲的男性的年龄在20岁到30岁。他们躁动、富有活力，年轻让他们有能力在实现目标的道路上跨越无数的困难，这些困难主要是由自然环境和土著造成的。

前往美洲的征服者主要怀抱的目的都是提高自己的社会地位。他们希望在新世界找到能让自己晋升为领主阶级的财富。美洲某些地区发现的宝藏加剧了这些人的野心。黄金的光芒、征服者的贪婪是美洲征服冒险的根本动机。

当宝藏被分抢殆尽，第一幻想覆灭以后，征服者们意识到财富只能通过开发当地的自然资源和组织土著劳工来获得。于是，西班牙人逐渐成了新世界的征服者。开采黄金、开发热带产品和耕种土地的工作势在必行。于是，土著被分配参加劳动，每个人都被强迫劳动，为征服者们创造他们所渴望的财富。征服者们占取大片的良田，建造城市和庄园，甚至还将家人接了过来。就这样，没落贵族和普通村民的领主梦想开始变成现实，他们建造起了一个能让自己过上领主生活的世界。

为国王效忠也是驱使征服者远征的动力之一。征服者们以国王的封臣自居，对新大陆的统治意味着皇室主权的扩张，为王室增加财富和权力。而且，为皇室效忠能帮助征服者获取只有国王才能给予的荣誉和奖励。

作为上帝的使者向印第安人传播福音是驱使征服者远征的另一原因。从宗教精神上来说，西班牙人不能对一批庞大的、有着奇异风俗习惯的偶像崇拜人口视而不见。

对于荣耀的渴望和冒险精神是驱动征服者的强烈动机，他们都希望自己的名字能够与这场伟大的发现沾上关系，或是以自己的名字命名一个地方，从而获得不朽的名声。就这样，在我们至今还能感受到的态度和野心的驱使下，一个新的社会开始建立了起来。

—3—

智利,帝国的末端

智利的欧洲人

1535年,西班牙人在征服了秘鲁之后,开始从秘鲁向南面扩张。总督迭戈·德·阿尔马格罗开展了欧洲人对智利的第一次勘察。阿尔马格罗出生于1479年,家境平庸,有色人种血统,于1514年登陆美洲。他在巴拿马与弗朗西斯科·皮萨罗结成伙伴,并一起征服了秘鲁,这意味着一笔巨大的财富,国王授予了阿尔马格罗新托莱多(Nueva Toledo)的统治权,该地区现在是智利领土的一部分。

除了一些结构性因素推动着欧洲人在美洲的扩张之外,还有许多其他的动机也在其中起着决定性作用。例如对扩大统治与殖民地域的渴望，给自己的后代一个可靠的未来。阿尔马格罗在与皮萨罗关系决裂之后离开了秘鲁，两人为库斯科的所有权发生了争执，加之印加人散布谣言说智利有着比秘鲁更丰富的财富。召集出征的队伍并非易事，好在阿尔马格罗有一定的威望和资源，他征集了约500名西班牙人和约10000名土著用人。

阿尔马格罗的队伍于1535年7月从库斯科朝着今天的玻利维亚高原出发，他们沿着的的喀喀湖（Titicaca）前行到达了今天的阿根廷北部。在经历了7个月的重重困难之后，这些西班牙人开始穿越安第斯山脉。穿越安第斯山的最大困难就是永恒的积雪带来的考验，所以从那时起，安第斯山就染上了不祥、致命的晦气色彩。阿尔马格罗和他的队伍在南行的路途中历经艰辛，终于在1536年6月到达了阿空加瓜谷（Valle del Aconcagua）。

在此之前，智利之行带来的是艰难和痛苦。自然环境的恶劣考验和智利土著的凶悍阻挠在一开始给队伍的前进造成了极大的阻碍。

西班牙人商议决定，征服者的队长之一戈麦斯·德·阿尔瓦拉多（Gómez de Alvarado）朝南向伊塔塔河附近进军，与此同时，胡安·德·萨维德拉探查阿空加瓜运河入海口附近的海岸地区。在快速地侦查了这些地方之后，他们并没有找到想象中那样大量的黄金，加之受到冬季天气的影响，西班牙人决定返回秘鲁。

返程时，他们选择了沿海的路线，一路穿越了北部沙漠，同样经受了气候的严酷考验，终于在1537年初到达库斯科。由于没有发现黄金，阿尔马格罗带去的人都认为智利是一个交厄运的地方，这样的偏见让后来的人都不太愿意去智利定居发展。

虽然秘鲁的西班牙人都认为智利是"应当像逃离瘟疫一样逃离"的土地，佩德罗·德·瓦尔迪维亚（Pedro de Valdivia）却对征服这片土地表现出了兴趣。瓦尔迪维亚是出生于埃斯特雷马杜拉（Extremadura）的贵族，于1535年到达美洲，1536年来到秘鲁。他在皮萨罗的任命下参与过拉斯萨利纳斯（Las Salinas）的战斗，在这场战斗中，皮萨罗的队伍战胜了阿尔马格罗的队伍。这不仅让瓦尔迪维亚赢得了皮萨罗的认可，还赢得了一些土著劳动力、土地和一座银矿。

当瓦尔迪维亚向皮萨罗请求授予他征服智利的许可时，皮萨罗感到很吃惊，很少有人理解为什么瓦尔迪维亚会选择放弃自己的财富去一个贫瘠险恶的地方冒险。在取得了征服智利的授权之后，瓦尔迪维亚变卖了自己所有的资产，甚至负债组建了他的远征军，即便这样也只召集了150个西班牙人。

与阿尔马格罗不同的是，瓦尔迪维亚选择了走沙漠路线，因为先前的队伍已经证实了安第斯山区的阻碍不仅有恶劣的气候还有凶悍的土著。他的队伍于1540年1月20日从库斯科出发，同年12

月到了马波乔（Mapocho）河谷。瓦尔迪维亚知道他的征服大业将面临许多困难，在众多困难因素中，在哪里建立第一座城市很大程度上影响着日后对该土地的统治。

1541年2月12日，在经过挑选之后，瓦尔迪维亚在印加人的遗址上开始建造新世界的圣地亚哥，向自己的出生地致敬。这个城市坐落在光秃寂静的高山脚下，被环绕在马波乔河的两条臂弯之间，建筑师坎博阿绘制了这座城市的地图。

1541年3月7日，城市刚建立不久，就建立起市政府并任命佩德罗·德·瓦尔迪维亚为智利的统治者，不受皮萨罗监管。

有许多理由让瓦尔迪维亚选择了在马波乔河谷建城。其中最重要的一个理由是他希望远离秘鲁，这样不仅能让他带出来的人很难回去，更能让他从皮萨罗手下独立出来。加上他还有向南扩张的野心，于是寻找到了这样一个能够帮助他渗入南部的地方。最后一点，马波乔河附近有土著村落和良田，一切西班牙法律建立城邦所需要的条件都具备。

直到1541年9月，西班牙人这边一切都风平浪静地进行着，他们建立起了城市、开发了淘金场，在海岸边还建了一艘船与秘鲁互通有无。然而就在这个月，这一区域的土著居民们揭竿而起向征服者们发起了进攻。土著们毁坏了西班牙人的城市、船只、工厂和淘金场，以及食物资源。

圣地亚哥被毁坏意味着西班牙人失去了几乎所有带到智利的食物和资源，这都是他们赖以生存的物资。于是统治者决定向秘鲁求助。在秘鲁的物资和人力支援到达之前，智利的西班牙人经历了一段物资匮乏的困难时期。

几乎到了1543年瓦尔迪维亚才接到从秘鲁派来的必要增援，他这才从围困中冲了出去征服智利。1544年，为了加强智利与秘鲁之间的联系，他下令建立了城市拉塞雷纳（La Serena），并下令沿着海岸向南开发该地区的淘金场，分配该地区的领主权。

不久后瓦尔迪维亚返回秘鲁，在秘鲁确定了自己智利统治者的身份，并获得了2艘船和300人的额外增援。当他回到智利之后的1549年，他下令重建了1547年被土著摧毁的拉塞雷纳，同时开始征服圣地亚哥以南的地区。

瓦尔迪维亚在早期征服智利时写给国王卡洛斯五世的信中说过，没有比智利更加适合建功立业的土地了，并对该地区的自然条件和资源不吝赞美之词，对智利自然资源和土地价值的宣扬也是源源不断。虽然他一开始这样说是为了吸引更多的人来此定居，不过随着时间的推移，瓦尔迪维亚开启的话题不仅成了在智利生活的人和智利代表者之间不断讨论的问题，还成了奠定智利社会政治和社会发展的条件。

南部扩张

　　驱使瓦尔迪维亚朝南部比奥比奥河和阿劳卡尼亚地区扩张的动机有许多。他想要获得的财富还包括广大的土著人口和该地区丰富多样的自然资源，那些还没有什么作为的人也向瓦尔迪维亚施加压力，这些人希望通过南部的征服扩张成为某个城市的奠基人，取得头衔和荣誉，变身大领主或是淘金场的主人。瓦尔迪维亚还有一个目标就是到达麦哲伦海峡，从而扩大西班牙的领土和管辖权。

　　1550年，随着康塞普西翁（Concepción）的建立，南部扩张进入了新的阶段，1551年，城市伊佩利亚（Imperial）诞生，次年瓦尔迪维亚和比亚里卡（Villarrica）也被建立起来。1553年建立城市安格尔（Angol），并修建了阿劳科（Arauco）、杜卡贝尔（Tucapel）和布能（Purén）堡垒。1553年年末，瓦尔迪维亚不仅已经几乎征服了阿劳卡尼亚地区全境，他派出的人还到达了麦哲伦海峡，中部和南部地区的淘金场也为西班牙人的到来以及后来征服整个区域奠定了基础。

　　膨胀的野心让西班牙人犯下了致命的错误：他们低估了阿劳科人民的战斗能力，西班牙人分散武力攻克下的土地远远超过了他们能够维系的范围。1553年12月，杜卡贝尔爆发了一次叛乱，瓦尔迪维亚只能用42个人来平息，当时的阿劳科人在骁勇的劳塔罗（Lautaro）的带领下十足地震慑了西班牙人，导致西班牙人全军覆没。于是叛乱在阿劳科各个地区都爆发了起来，西班牙人弃守了安格尔、布能和阿劳科，逃往了伊佩利亚和康塞普西翁，并下令撤离比亚里卡，同时准备康塞普西翁的防御工作，当时康塞普西翁正遭受劳塔罗带领的部队的威胁。

在如此混乱的环境下，智利政府在瓦尔迪维亚去世后失去了领导人，也没有明确谁应该接替他掌权。于是政府内部的斗争让劳塔罗占得先机，取得胜利，康塞普西翁也沦陷了。在全盘失败之后，西班牙人只能选择逃回圣地亚哥。瓦尔迪维亚建立的大业看似就要失败了。

瓦尔迪维亚去世以后，加西亚·胡尔塔多·德·门多萨（García Hurtado de Mendoza）宣布由自己替代瓦尔迪维亚的位置。门多萨于1557年带着随行的450人到达智利，以及一切在阿劳卡尼亚建立政权所需要的马匹、武器等。新统治者重建了康塞普西翁和安格尔，支援了伊佩利亚和瓦尔迪维亚，建立了两座新的城市卡涅特（Cañete）和奥索尔诺（Osorno），并抵达了塞纳雷恩卡维，不管是在马普切人还是阿劳科人的土地上，他们一路上都没有遭到阻挠。

门多萨的这些举动很成功，让征服者们又重新燃起了征服阿劳卡尼亚的希望。这一幻想一直持续到了16世纪末期。1561年,门多萨政府组建好后开始了征服事业的第一阶段,也是投入最大的阶段。通过这个过程,他们征服的领土得到了承认,建立起了一些主要城市,比奥比奥北部的和平生活得到了保证。

比奥比奥以南地区的斗争持续了较长的时间。虽然西班牙人确实在这一地区建立了根基,开发了淘金场,成为土著的领主,但情况非常不稳定。西班牙人每年都要面对阿劳科人的攻击和反抗,不得不重新开展军事行动。在广大土著包围下的殖民者们长期都生活在警戒之中,所以西班牙人在这片土地上的生存比较困难。

这一地区的局势一直持续到了16世纪,一场大危机让阿劳卡尼亚地区的西班牙人逐渐消失了。战争导致黄金产量和土著劳动力的数量急剧下降,疾病和人们对生活希望的丧失造成了极大的灾难。失去了资金的支持,西班牙人无法再维系自己的统治。1589年,统治者马丁·加西亚·奥涅斯·德·罗伊奥拉和他带领的队伍在库拉拉巴(Curalaba)遭到了阿劳科人的突袭,全体阵亡,这成了一场阿劳卡尼亚地区大规模土著反抗运动的开端,也意味着西班牙人在比奥比奥南部建立的根基瓦解。统治者死亡,移民者朝北部撤离,征服者们慢慢淡出了对这一区域的控制。

1529年,卡洛斯五世颁布了首部在政治上确立智利边界的公约。在这部公约中首先确定了弗朗西斯科·皮萨罗和西蒙·德·阿尔卡萨巴（Simón de Alcazaba）攻下的延伸至南纬22°的土地。后来，1534年，卡洛斯五世又确定了迭戈·德·阿尔马格罗在新托莱多（Nueva Toledo）的管辖权，新托莱多一直延伸到了多科皮亚（Tocopilla）地区。

新埃斯特雷马杜拉①（Nueva Extremadura）——智利征服者的统治区域从南纬27°的科皮亚波延伸到了南纬41°地区，也就是今天的奥索尔诺，西部边界止于太平洋，东部边界是一条与太平洋海岸线平行的蜿蜒曲折的长线，长达100卡斯蒂利亚海里（约合630公里），覆盖了今天阿根廷的图库曼（Tucumán）、胡里艾斯（Juríes）和迪亚吉塔斯（Diaguitas），边界到达了蓬塔·德·圣路易斯（Punta de San Luis），内务肯（Neuquén）和巴塔哥尼亚东部地区。后来，1554年，国王将佩德罗·德·瓦尔迪维亚的管辖范围扩大到了麦哲伦海峡地区。

智利政府的第一次领土分裂发生在1563年，菲利普二世决定将图库曼、胡里艾斯和迪亚吉塔斯从智利的领土范围中划分出来，将其管辖权划拨给查尔卡斯（Charcas）②。

智利政府的管辖区域除了以上提到的地区，征服者们还将大

---

① 新埃斯特雷马杜拉是西班牙人曾经给智利的名字，但这个名字没有流传下来，而是被"智利"取代。——译者注
② 查尔卡斯（Charcas）位于玻利维亚境内。——译者注

量的其他地理区域宣布为其管辖区域。在瓦尔迪维亚的指派下，弗朗西斯科·德·乌尤阿（Francisco de Ulloa）在1552年探索到了麦哲伦海峡地区，1558年，胡安·拉德利耶罗（Juan Ladrillero）占领了奇洛埃岛以及大西洋的所有南部岛屿。

16世纪的黄金与社会

16世纪征服者们的主要活动就是寻找并开发淘金场。从淘金场获得的财富填补了西班牙人征服美洲所需的开销。西班牙人所占领的土地上遍布着淘金场，不过由于土著劳动力的组织和领主体制的原因，主要的淘金场还是集中在康塞普西翁、伊佩利亚和比亚里卡附近。

最早是哥伦布在安的列斯群岛建立起了领主制度，要求土著在农田无偿劳动。从此以后这种制度在整个美洲大陆扩散开来，成了为美洲征服者和西班牙王室提供劳动力最重要的方式。封赐领主权也成了国王奖赏为他效忠的征服者的一种方式。

领主权是西班牙国王授予一名西班牙人向臣属西班牙王室的土著征收赋税的权力。受封领主权的人则有义务守护土著，一方面照顾他们的精神需求，另一方面还有义务效忠国王，捍卫他享有权力的土地。

在征服的早期，领主权一般由征服军的首领来分配。后来，随着美洲的生活逐渐制度化，统治者担负起了这一职责。杰出的士兵、首次到达一片新疆域的人，或是在征程中有巨大贡献的人都可能成为领主。一旦领主地位被巩固，他们的亲信都会随之受益。

但智利的领主制度并非靠税收维持。由于土著社会发展的落后，土著并没有能力创造额外的产出来缴纳赋税，领主们能够收取的只有劳动服务。佩德罗·德·瓦尔迪维亚开启了收取劳动服务的先河，领主们首先想到的是将劳动力用在他们开发的淘金场中。这样，领主就成了财富和社会上层的象征，征服者们的野心得到了满足。除此之外，从淘金场中获得的财富让智利的征服事业得以维系。

因为地理条件的差异，智利领主们的势力范围或大或小。在原住民较少的小北部地区领主的势力就很小。相反，在阿空加瓜和塞纳雷恩卡维地区，领主的势力范围内可覆盖成千的原住民。然而，北部的领地更为安全宁静，受阿劳卡尼亚战争的影响，越往南走，领地就越难以掌控，权力越是不牢靠。

西班牙人享受领主权的同时也意味着对美洲原住民的侵犯。在利益和欲望的驱使下，领主们最大限度地利用"他们的土著"，以残酷、非人的方式对待他们，毫不顾忌土著劳工及其家人的安危。为了减少侵犯行为，西班牙皇室颁布了一些法规，但也没有改变土著受侵害的情况，只是规定了劳工的负重限制，设置了劳工的年龄界线，还有建立了轮班制。其中主要的智利法规有1561年颁布的桑迪利亚（Santillán）条例和1580年的甘博亚条例（Gamboa）。

因卓越功绩获得领地、淘金场和人口的征服者在16世纪占据了特权地位。臣服的土著为他们的淘金场提供了劳动力、土著人口和淘金场，这两个元素成了一切财富的根源，也是后来当地贵族阶层的起源。

西班牙人也从事农业活动，特别是在科皮亚波河和比奥比奥河之间地区。他们利用土著的播种技术发展起了农业系统，将欧洲的物种引入美洲，种植了小麦、葡萄、橄榄和各种果树。还将马、羊、猪和牛等动物带到美洲养殖。

除了享有特权的人以外，还有一群人参与了征服战争却没有得到认可。他们是地位低下的西班牙人，生活得十分艰辛，在这个阶层之下就是土著，他们只能充当西班牙人的劳动力或是战争中的士卒。

自打欧洲人到达美洲后，西班牙人与土著的混血就成了常态。白种女人的稀缺和各种形式的交融都加剧了混血儿出现的可能性，随着时间的推移，混血人种也成了占据智利主要地位的人种类型。

在征服智利的时期，也有黑人的存在。他们大多数是从秘鲁被当作奴隶带到智利的，后来又被布宜诺斯艾利斯的商人贩卖。黑人、白人和土著的混血带来了穆拉托人（mulatos）和桑博人（zambos）。

在征服时期的早年间，西班牙人唯一需要顾虑的就是打仗和探索淘金场。然而，征服者的出现同时也意味着两大欧洲文化对美洲的侵犯：语言和宗教。随后，对于土著来说十分陌生的动物和植物物种、新的农业和矿业知识技术也被带到了美洲。

宗教秩序的存在使一些文化发展和教学活动在智利的系统开展成为可能。1593年，施恩会的教士首先在智利安定下来，随即多明我会、方济各会和耶稣会的人也在此定居。他们建立起了修道院和学校，除了致力于向土著人传播福音之外，还开展各种耶稣会擅长的活动。

征服者们以自己为主角撰写的故事和记录是智利最早出现的文学形式。其中比较值得一提的是赫罗尼莫·德·比瓦尔（Jerónimo de Vivar）和佩德罗·德·奥尼拉（Pedro de Oña）记录的历史，以及瓦尔迪维亚的信件。不过最受推崇还是阿隆索·德·埃尔西利亚写的诗歌《阿劳卡纳》，不仅是因为它在文学上建立的功绩和创造的历史价值，更是一个民族诞生的证明，因为在19世纪，民族还只是历史赋予的"想象"。

西班牙帝国尽头的土地

西班牙人在秘鲁定都后自然会向智利征服扩大，秘鲁已然成了一个充满活力的扩张中心，让欧洲人朝美洲大陆西南端的土地进军成为可能。

西班牙人在秘鲁发现了丰富的黄金，但一部分人并没有享受到黄金带来的利益，于是在野心的驱使下他们开始重新探索智利，据历史讲述者说，印加，那是一片蕴藏着丰富贵重金属的土地，在那里遍地的黄金，能找到比阿塔瓦尔帕拥有的还要多的宝藏。这样的初印象强烈地根植在欧洲人的心中，阿隆索·德·艾尔西亚甚至肯定地认为，智利人受制于秘鲁印加人，每年都会将大量的黄金送到秘鲁，因此西班牙人才会获得智利人的消息。于是，由迭戈·德·阿尔马格罗带领的征服军怀揣着极大的期望出发了，从队伍的配置就能看出他们对此次出征给予了厚望：超过400名欧洲人，约15000名土著协助者，近100名黑人和各种各样为定居准备的粮食。

然而，从达到最终目的的层面上来讲，阿尔马格罗的出征是一场彻底的失败，不仅没有获得期望的财富，他带领的队伍还在前进的征途中经历了严苛的考验——当地土著顽强的抗争。失望的队伍返回了秘鲁,和智利比起来,这片土地俨然是一片充满希望之地。队伍返回时选择了从海岸的沙漠前往库斯科,但这条路线一点也不比来时穿越安第斯山脉轻松,这也使智利留下的坏印象变本加厉。

回到库斯科以后,迭戈·德·阿尔马格罗不得不承受这次霉运带来的后果,在皮萨罗兄弟面前惨败,还让陪同他出征南部的同仁们也卷入了他的不幸之中,带领他们去到了南美土地的最深处、世界尽头的地域,那个被印加人称为智利的地方。"智利"这个名字源自盖丘亚语chiri,原为寒冷的意思,这很可能是印加人在翻越安第斯山时遇到重重困难而留下的印象。所以"智利"一定是一个源于境外的名字。

从1538年以后,所有的人都会用讥笑和轻蔑的语气谈论一切关于智利的事情,智利从此意味着失败的征程,成了失败、荒芜、贫穷的代名词。

因此,当佩德罗·德·瓦尔迪维亚请求征服智利的授权时,大家对他的疯狂举动感到十分惊讶,瓦尔迪维亚更是征召不到愿意同他一起出征的志愿者,他这样写道:"没有人愿意踏上这片土地,其中最避之不及的是阿尔马格罗曾经带领过的人,这些人不仅像逃离瘟疫一样地丢弃了这片土地,还将它的恶名四处传播。"

在西班牙人对贫穷的智利抵触和嘲笑的同时，人力和物力资源正日渐短缺，征服智利又充满了不确定性，因此瓦尔迪维亚在为建立西班牙统治而努力的过程中写下了大量对他想要统治的土地夸大其词的赞扬信件。并在占领这片土地时将其命名为新埃斯特雷马杜拉，以此纪念他的出生地，也是为了抹掉"智利"这个令人不快的名字。

不少例子都能说明智利在殖民时期的地理边缘性。在最初的地名中，阿塔卡马无人区是最常用来泛指从科皮亚波北部到秘鲁之间的殖民地的名称。连绵数百公里的沙漠地带十分缺乏水和食物，让这一地区几乎不可能和秘鲁总督区建立联系。可见这一地区的荒芜和孤绝，当欧洲人穿过"无人区"发现了一些水和植被以后，他们将这片小绿洲命名为圣弗朗西斯科德塞尔瓦，也就是今天的科皮亚波。

往南走，在南美洲最南端寸草不生的南部海岸地区，存在着诸如"饥饿港""孤绝岛""怜悯湾""最后的希望""拯救湾""颓废角""慈悲港"等地名，都说明这里严酷的气候和地理条件让征服者吃了不少苦头，给他们留下了这些恼人的印象。这些地区极端的气候特征、穿越合恩角需要承担的风险、南部河流和海洋带给欧洲人的挫败都阻挡了欧洲人对这片资源匮乏地区的殖民热情，同时，出于想要引起众人对这片区域兴趣，以及对南部地理知识的无知，欧洲人之间还流传起了南部恺撒城的传说，说是在黑河和瓦尔迪维亚河以南，麦哲伦海峡附近的土地上有一座恺撒城。

安第斯山是造成智利在欧洲人心中形象险恶的另一个重要因素，他们认为安第斯山是苦难的根源，在所有的文献中几乎从来没有人用热情的语气提起过它。阿尔马格罗与他的部下经历的苦难旅程的记忆鲜活地存在于所有的征服者甚至是他们的后代脑中，阻碍他们穿越的这道冰冷坚硬的高墙，再加上严苛的气候条件，安第斯山成了将智利与美洲大陆其余地区隔绝开来的一道屏障。

智利与世隔绝的地理位置，边境地区的极端条件形成的壁垒，常年与阿劳科人的战争和周期性席卷该地区的自然灾害，西班牙人不愿将智利地区性的贫困与西班牙殖民帝国的贫困混为一谈，所以智利一直处在西班牙帝国社会的边缘。许多经济、社会、文化和政治特征都证明了这一点。其中包括智利政府在秘鲁总督的附属地位，智利经济在秘鲁商人利益面前的让步，以及在文化生活和社会生活上的低微。这些特征一直贯穿了整个殖民时期。

在西班牙帝国背景下的智利情况一目了然，例如，马拉斯皮纳远征队在完成了从1789年到1794年的美洲探索之后就对这一地区的现实情况做出了评判，对于征服者们来说，他们对南部海岸的探索和认识意味着帝国南部边境的确定，但这并不意味着战争的边界，只是西班牙人在美洲政治、文化和经济辐射范围的边界。对于马拉斯皮纳和他带领的人来说，智利不仅仅是地理上的尽头，更是西班牙统治的郊区，是西班牙在美洲存在感最弱的地区，因为这片土地上存在着的对皇室潜在的威胁随时可能爆发。"智利"这个名字代表了地理与文化的边界。用马拉斯皮纳的话来总结这片土地："在西班牙人征服的所有美洲领土之中，智利在让他们付出最多的代价的同时带来的收益却最少。"

-4-

美洲的花园——殖民地智利

殖民

美洲殖民意味着将美洲的社会和领土置于西班牙社会与领土的从属地位,而智利由于地处偏远地区且从属于秘鲁,殖民条件比其他地区更恶劣。智利殖民地不仅只占据了二级地位,还不得不受制于针对土生白人严苛的管理政策,以保障西班牙人在经济扩张中获得的利益,因此,智利形成了一个稳固的阶层社会,决定阶层的基本要素是皮肤的颜色和对美洲土著的剥削。

殖民时期的智利是新社会的强化阶段,在漫长的交融和相互影响的过程中,两种文化和人民的碰撞开始结出果实。与征服时期不同,殖民时期社会相对更加稳定,制度和习俗都基本适应了不断变化的需求和社会的演进。在这段时间里，西班牙人在康塞普西翁和拉塞雷之间的城市建立起了稳固的政权，不断有新的特遣队从西班牙过来，混血人口数量增长。直到1650年还十分激烈的阿劳卡尼亚战争渐渐失去了野性，阿劳卡尼亚人开始屈服以换取边界的和平，并在西班牙人的管辖下开展起了生产活动，主要是农业和畜牧业活动。

从欧洲人统治美洲之初，西班牙王室就十分注重通过颁布法律和建立机构来管理他们在海外取得的财产，于是美洲诞生了一个特殊的统治机构。在美洲与在伊比利亚半岛不同，原住民理事会和西印度交易所是美洲管理中最重要的机构。

智利总督是西班牙国王在这片土地的代表，也是最重要的权力代表。总督也是王室任命的上尉将军，行使军事职能。智利大多数殖民总督都是军人出身。总督不仅承担统治、管理和军事职责，还需主持皇家审问院（Real Audiencia）的工作。智利总督由西班牙国王或秘鲁总督指定，每位总督任期一般在5到6年之间。

在智利历任的总督中，16世纪初出现了像阿隆索·德·里贝拉（Alonso de Ribera）和阿隆索·加西亚·德·拉蒙（Alonso García de Ramón）这样的优秀军人，他们致力为公众提供良好的服务，在困难时期采用得当的管理方式。18世纪出现了像何塞·安东尼奥·曼索·德·贝拉斯科（José Antonio Manso de

Velasco）和安布罗西奥·奥希金斯（Ambrosio O'Higgins）这样的杰出管理者，两位以开明的精神在公共工程建设和城市奠基方面开展了卓有成效的工作。

殖民地的司法管理在各种类型的司法事件中都有体现。镇长负责处理民事纠纷和情节不重的刑事犯罪。地方法官负责民事诉讼和罪犯一审，除此之外，地方法官还是矿场审判员，皇室的公平正义通过他们在乡村地区的统治得到施展。镇长和地方法官的判决可以被美洲法制体制中最重要的机构皇家审问院驳回。

在智利，皇家审问院首次于1567年在康塞普西翁建立，该机构一直运行至1575年。1609年在圣地亚哥重建后，一直运行到独立时期，独立后皇家审问院被代表共和政府三大权力之一的国家法院代替。

皇家审问院的法官和统治者一样，通常是有享有特权的西班牙人，但还必须满足一些要求，如不能在城市里有生意，不能与土生白人有婚姻关系，必须对居住地审判（Juicio de Residencia）做出回应。还有许多其他诸如此类的限制，不过这些限制大多都没有被遵守，于是社会上就流传着"有法律就有例外"的说法。

市政会（Cabildo）是具有大众性质的市政机构，由附近各区域的代表组成，该机构传达的理念非常简单：统治管理公共生活。它的基本职能是管理城市，即管理公共的土地和财产，如清扫街道、广场和水渠，分配粮食，确定价格和计量法则，以及负责公共区域的装点等。

市政会从建立之初就在美洲扮演了非常重要的角色，不管是在征服时期还是到后来的殖民时期。当拿破仑发起的侵略行为造成了王位空缺时，也是市政会迅速反应并安排了相应的对策。

刚开始的时候，市政会的成员全都是西班牙人，但到了17世纪时，市政会的职位被按照终身制售出，这就让土生白人取得了进入社会特权阶级的机会，他们代表了君主制度下土生白人的利益与野心。

阿劳卡尼亚的战争与和平

阿劳卡尼亚地区是西班牙人与阿劳科人对垒最激烈的地方。1598年土著在库拉拉巴取得胜利以后，比奥比奥河成了双方天然的分界线。西班牙人组建了专业军队以确保对北方领土的统治，并建造了一系列堡垒来阻挡土著，这就意味着西班牙人正式认可了他们与阿劳卡尼亚的对垒关系。但在这场斗争中，西班牙人与阿劳科人建立了以商业往来为基础的和平关系，让混血人种和文化交流开始发迹。阿劳卡尼亚边境地区的关系显示，他们既经历了战乱占主导的时期也有普通交流盛行的和平时期。

在16世纪到17世纪中叶,阿劳卡尼亚地区军事斗争盛行,这一时期的战争十分频繁且血腥,特别是在1598年阿劳科人取得战争胜利、总督马丁·加西亚·奥涅斯·德·罗犹拉(Martín García Oñez de Loyola)去世以后。这场战争的失败造成了严重的后果,迫使西班牙人推迟了军事征服阿劳卡尼亚的主张。双方的边界由此被巩固,阿隆索·德·里贝拉总督亲自组建了一支永久驻守边界的守卫队,还在军队内部推行了改革政策。

总督推行的新军事计划是沿比奥比奥河一带集中力量形成一条堡垒链,而不再是将力量分散在阿劳卡尼亚地区。希望在这条防线巩固以后借机推进,但前提是防线后方的土地已经被完全征服。在开展新战术的同时,里贝拉总督对军队组织了专业的训练,明确了每种武器、每匹战马、每个步兵以及每台火炮在战争中应扮演的角色。

随着改革的开展,军事斗争渐渐放缓。边境的关系变得越来越紧密,因为不管对西班牙人还是土著来说,维持和平更有利于自己的生活。阿劳卡尼亚的最后一次大动乱发生在1655年,对土著奴隶贸易造成了严重的打击,这也是战争发生的主要动因。从此以后,边境的交往进入了长期的和平时期,让人们逐渐忘记了血腥的斗争,不过偶尔还是会有小规模的冲突破坏和平。

在新形势下,社会、文化、经济得到了充分的发展,早先的发展萌芽已经完全实现了其意义。战争的减少让边境的贸易得到了改善和扩张，传教行动也随之增加，一场激烈的文化融合随之产生，混血人口的数量越来越大，随着农业的扩张，西班牙人和混血人开始越来越多地定居比奥比奥河毗邻地区。

新形势下的边界上，西班牙人和阿劳科人之间的贸易往来成了一项永久性的活动，甚至还有其他的土著民族也加入其中，例如佩恩切人（Pehuenches）。维持和平对各方都更有益，从此各方在边界和平共存。在土著民族中传教的任务也由此加重。如果说16世纪的传教士在阿劳卡尼亚地区的工作进展得非常缓慢的话，17世纪和18世纪的传教活动则取得了明显的进展。有了不断加深的和平气氛，传教士们才能进入土著的生活，建立起学校，教土著儿童读书写字。传教士的活动是阿劳卡尼亚地区和平渗透的重要部分。

传教活动中，耶稣会、方济会和施恩会的表现非常突出，他们担任起了人道主义者的角色，保护土著，为土著治愈疾病。

这时候的军事行动仅限于"马洛卡"（maloca）和"马隆"（malon），也就是土著和白人互相之间的突袭，目的在于抓捕、击杀对方，将对方的财产据为己有。整个18世纪几乎没有叛乱，当权者试图通过会议来保障长期的和平，在会议期间，西班牙人和阿劳科人会达成和平共识，交换礼物，庆祝节日。

有了专业化军队后，每年来自秘鲁的资金补贴就足以让部队维持下去，这也确保了比奥比奥河以北区域的稳定，该地区的生活已经足够和平，可以开展生产活动。区域的稳固也意味着对智利经济的刺激，为了满足军队在物质和服务方面的需求，本来薄弱的商品制造业也开始发展。

殖民经济

殖民地经济从属于西班牙经济的一大表现在于，宗主国与殖民地之间的贸易往来必须通过严苛的商业垄断方式进行，甚至殖民地之间的贸易或是殖民地与其他大国的贸易都不被允许。西班牙建立的这一套体系对西班牙经济十分有利，却严重限制了殖民地的发展。

交易的物品只能由西班牙舰队的船只运送，这些货船从塞维利亚港出发，在殖民地的韦拉克鲁斯（Veracruz）、哈瓦那（La Habana）、圣多明各（Santo Domingo）和波托韦洛（Portobelo）港口停靠。西印度交易所负责组织管理船只。西班牙的船只从欧洲带来各种制造品，如奢侈品、织物、工具、机器、武器以及其他各种各样的商品。从美洲海港出发的船则载满了热带产品，如烟草、可可、咖啡和贵重的金属。

美洲主要出产一些贵重的金属、原材料和食品。最大的财富来源要数矿藏的开采，特别是墨西哥和秘鲁的金矿与银矿。热带气候地区种植了蔗糖、烟草、可可和其他一些在世界范围内有大量需求的作物。在智利这样的温带地区，建立的庄园主要种植小麦、玉米、葡萄和其他作物，除此之外还饲养动物，发展畜牧业。

在17世纪初，智利的经济活动从矿业开采转向了农业和畜牧业。有好些因素可以解释这一转变，如淘金场的枯竭和土著劳动力的减少。相比之下，发展畜牧业的条件就有利多了：一方面，智利有着大量适宜的土地，另一方面，开展畜牧活动也不需要大量的劳动力，最重要的是，秘鲁对畜牧产品有着大量的需求。

起初，农业在智利经济中只占了次要地位，但随着比奥比奥河北部地区日趋稳定和平，针对秘鲁的小麦市场被打开了，于是越来越大面积的土地被用来种植小麦、玉米、大麦、豆类、蔬菜和葡萄等。

智利的畜牧活动通常在中南部平原开展。畜牧业产出的皮脂和皮革能出口到秘鲁，除此之外，还出口骡子到波托西（Potosí），因为矿场作业的需要，骡子在该地区很受欢迎。作为出口交换，智利会进口丝绸、陶器、镜子和巧克力。

17世纪期间，随着土地和农业带来的利益逐渐增加，庄园也变得越发重要。除了生产食品和手工艺品之外，庄园的劳动者人口和庄园主所拥有的土地也是重要的社会核心。它们是社会和经济力量的中心，当地贵族崛起的源泉。

白人、土著、黑人各种族的融合让混血人种的数量不断增加，由于与外界缺乏接触，他们内部产生了独有的生活方式，深受领主的影响。作为权利的源头，土地所有者不仅成了极具经济实力的人物，随之得到的还有政治权利和社会特权，他们能凭借对劳工的控制来抗衡当局者。

智利殖民地的工业制造品很有限。国家的贫困加上西班牙施加的限制条件阻碍了工业的发展。制造业中只有像布料、羊毛纺织品、黏土罐、家具和银器皿这样简单的手工制造业得以生存。

18世纪的物质繁荣

18世纪的贸易自由化使智利的经济得到了更大的发展。农业与采矿业得到了极大的推动，使一些新机构的建立和重要公共工程的建设成为可能，对土地的拥有权也让一些土生白人的贵族地位得到了巩固。一个新的大扩张时期就这样开启了，直接将智利推向了独立的高潮。

18世纪之初，拥有法国波旁家族血统的菲利普五世登上西班牙王位。他执政期间在西班牙及其殖民地采取了更为高效的经济和财政政策，旨在为帝国带来更大的经济利益。新的立法采取了船只登记制度，取代了原来闲散的商业体系。从1720年起，所有运往殖民地的商品装船后，都需要在加的斯港支付一笔费用，获取西印度交易所的授权。船只登记制度使西班牙与美洲之间的贸易往来更加顺畅。商品价格下跌、消费增长，促使大量贵重金属从美洲流向欧洲。改革还在继续，1765年，西班牙多个港口开发授权，允许开往美洲的船只离港，打破了塞尔维亚港与加的斯港的垄断地位。

1778年，国王卡洛斯三世颁布了《自由贸易条例》，在美洲地区引起了巨大反响，因为该条例加强并改善了西班牙与殖民地的交流关系。新经济政策让西班牙其他港口也实现了商业运输，商品流通量增长了近10倍。极大的贸易便利对美洲意味着大量商品的涌入，在此之前几乎是不可能的。商品供应量急速增长，逐渐超过了商品需求量，造成市场饱和，引起大量贵重金属的外流。就智利而言，瓦尔帕莱索和康塞普西翁港被允许直接开往西班牙的船只都离港了。

与西班牙的常规贸易并不是美洲人民获取制造品的唯一途径。有相当大比例的商品通过走私的形式进入殖民地。这种方式让美洲人民不断增长的商品需求得到了满足。

促成非法和走私贸易的重要因素还有另外两个：首先，太平洋和加勒比海延长的海岸线让监督工作变得尤为困难；其次是西班牙总督和王室官员的放纵不管，而他们通常也会从走私贸易中获得好处。

18世纪是智利的小麦世纪。17世纪时，农业活动水平一直处于畜牧业之后，屈居第二，但从世纪末利马领事馆大力推行甘蔗代替小麦种植以后，秘鲁越来越依赖智利提供的谷物。就这样，智利的小麦开始在秘鲁市场盛行。再后来，从1687年到殖民时代末期，小麦生产成了从阿空加瓜到科尔查瓜地区的主要经济生产活动和贵族们的主要经济来源，这里所说的贵族是指那些以种植谷物为主业的庄园主。然而，有限的秘鲁市场虽然让庄园主们积累了财富，却不足以刺激农业技术的发展。

土地的生产力非常低下，没有任何机械，劳工甚至还在使用智利原住民使用的木质犁，连铁尖头都没有。农业只是以落后的方式扩张发展，大部分土地还未被开垦。除了种植谷物以外，还种植了一些不需要繁重劳动的蔬菜和果树。畜牧活动也是庄园劳作的一部分，牛养殖业大量扩张。

在16世纪为征服美洲立下功劳的采矿业在18世纪再次显现出了它的重要性。银矿的开采取得了特别的进展，其次是铜矿的开采。矿场主要集中在科皮亚波和迈波河谷附近，这些矿场都是为了挣钱而运营。

阿塔卡马、科金博（Coquimbo）和阿空加瓜的铜矿藏既满足了国内的需求，还能出口到秘鲁和西班牙，被出口的铜原料往往被用来制造炮筒、钟罩和其他工艺品。

随着贸易交换的增长，18世纪黄金和白银的开采也随之增长，因为美洲人要靠他们支付来自欧洲的制成品。智利北部的矿业发展势头最高，吸引了大量的劳动力从中南部迁移到这个半干旱的地区。北部矿场随之出现了薪水雇用的矿工，从根本上讲，这是长期人种混血和对贵重金属需求的经济刺激产生的结果。

在矿业活动的促进下，拉莫内达宫（la casa de moneda）、矿业法庭、矿业管理会在智利相继建立起来。这些机构促进了社会对矿业财产的学习和认可，为矿业贷款打下了基础。

随着矿业市场活动的增长，行业商会的重要性也越来越大。这让1795年建立领事馆法庭（Tribunal del Consulado）成为可能。该机构建立于圣地亚哥，依照西班牙商业法规介入商业诉讼与裁决。正是这些机构让土生白人认识到了财富的存在，也让他们对于经济改革和发展生产的野心暴露了出来。

智利财富的增加和波旁时代带来的改革热情为智利在18世纪开展的重要公共设施建设奠定了基础，其中拉莫内达宫、圣地亚哥大教堂、卡尔伊刚托大桥是那个时代最为杰出的工程。所有这些公共工程的建立，以及与矿业和农业活动相关的新城市的建立，都是殖民地经济与社会扩张的表现。

　　智利在与秘鲁的贸易中主要出口农产品和畜牧产品，以交换糖、可可和烟草，贸易完全依靠服务于总督利益的智利商人和总督的经济代理人。拉普拉塔河流域与智利也长期保持着贸易往来，出售的商品主要是皮革和铜制品，购买的商品主要为过境到秘鲁的马黛茶和黑奴。智利从西班牙引进的商品则主要是诸如家具、铁器一类的工业制造品，作为交换的则是贵重金属。1779年的"自由贸易条例"让智利与伊比利亚半岛的贸易获益不少。条例中一系列的措施减少了秘鲁商人对于智利与西班牙之间贸易的控制，使其不能再作为垄断的中介设定高额的商品价格。

历史地理地区

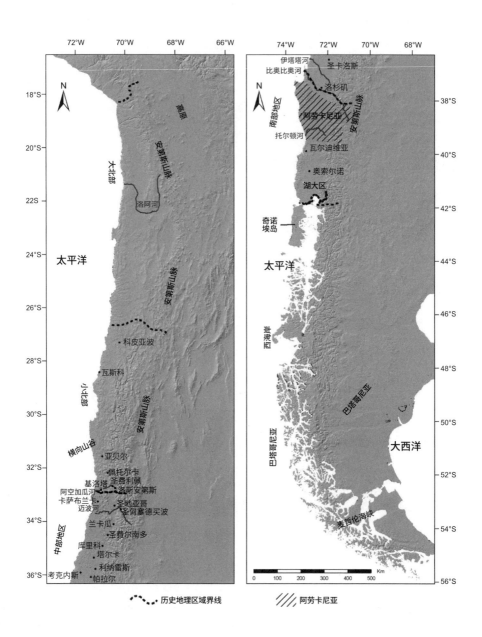

−5−

混血社会

社会部门、活动及分工

美洲殖民社会的根本是白人、土著与黑人的混血。西班牙人一到达美洲就开始与当地土著有了性接触。禁止单身西班牙女性进入新大陆的规定更是助长了白人男性与土著的交融。

西班牙人刚抵达美洲时,这片土地上大约有两千万人。这个数字在征服时期的头几年里大幅下降,因为欧洲人带来了土著无法抵抗的疾病和病毒,例如天花病毒。高死亡率的另一个原因在于统治者强加给土著的繁重劳动,和对他们造成的家庭分离。为了寻找土著劳动力的替代,西班牙人转向了黑人奴隶,特别是在热带地区,这就解释了中美洲地区为何存在黑种人。

在美洲建立起来的是一个非常僵化的等级社会，人种、经济和法律是划分等级的基础。白人是受西班牙认可来到美洲的群体，他们的后代土生白人成了统治阶级，多在社会中担任公共职务，占有大量财富，享有社会特权，是美洲社会中人口最少的阶层。土著则变成了国王的臣民，受国家的监督，受奴役的土著成了在矿场和田间劳作的人，也是白人家中的仆人。渐渐地，混血人种代替土著人成了劳动力，受其他社会阶层的排挤，大多在乡村过着飘零的生活。只有到18世纪混血人种成为大多数之后才被社会接纳。

16世纪末期经济重心转向之后，智利成为皮革、牛脂和其他畜牧副产品的供应地，将这些产品出口到秘鲁，由此，土地的所有者渐渐取代了征服者在社会金字塔顶端的位置。17世纪初期的上升社会运动让新的阶层借机获取了财富。王室的官僚、军官、商人和律师都让自己成为土地的拥有者，与征服者和大领主的后代一起成了拥有特权的社会阶层。

这一切构成了所谓的土生白人贵族阶级，他们与直接从西班牙派往智利的贵族一起构成了这个社会的顶层。拥有土地的所有权和对君主的效忠对于贵族阶层意味着相当的权利，土生白人贵族在议会中担任职位，这些职位都被王室赋予了象征着社会特权的贵族头衔。

贵族阶层之下还发展出了另一个由西班牙人和土生白人组成的阶层，他们没有在征服时期赢得权利，也没有在后来取得太大的利益。他们是工匠、管家、贵族最值得信赖的雇员、文员、商人、矿工、小领主、低级官员、牧师，以及其他难以定性的从业者。在这一阶层中还混杂了拥有白人外貌特征的混血人种。他们的文化程度有限，几乎不会阅读写作，只能做基本的运算。这些人集中在城市，为贵族阶级服务，缺乏代表性，因为这些群体不能通过行业集会、兄弟会或公共节日活动发声。

17世纪期间，土著人口的数量所占比例越来越小。他们早期就屈居于比奥比奥河北部，在西班牙人和大领主严苛的制度下被强行开展劳作。

整个17世纪期间，混血人种在征服进程中起到了重要推动作用。由于阿劳科战争、疾病、对生活期望的丧失，土著人口数量迅速减少。

土著在殖民社会的各种活动中都扮演了核心角色，他们承受着各种组织形式下的工作，如庄园、苦役、奴隶等。

由于土著人口短缺越发严重，曾在16世纪和17世纪占据重要地位的庄园渐渐丧失了经济意义。尽管如此，庄园在贵族群体中的重要性依然不减，因为它是社会力量的象征，造就了小部分享有特权的群体。土著人口的减少和混血人口的增加是1791年庄园制被废除的直接原因。

到达智利的黑奴数量很少，这要归因于黑奴高昂的价格和这一地区的低产能，智利只能出产在市场上价格低廉的产品。而对于那些价值较高的产品的转化则更倾向于使用信任的劳动力或是家奴，借此让他们稍微改善一点经济状况。

西班牙人在16世纪末遭受挫败之后，圣地亚哥、康塞普西翁、塞雷纳成为智利最为主要的中心城市。17世纪期间，圣地亚哥扩张到了马波乔河以北的琴帕（Chimba）地区。圣地亚哥还建立起了第一批石头建筑，其中有的建筑高二层带阳台。康塞普西翁成了主要的军事基地，军队和各种边境的社会力量出现在此。

18世纪殖民社会贵族群体的优越性越来越明显，例如在他们之间出现了诸如卡斯蒂利亚丝绸和布料一类的奢侈品消费。住宅的家具也越发精致，窗帘和具有时代特点的家具开始被使用，如百合木的衣柜和箱子。窗户上的玻璃、精致的门栏和一些其他的工艺都营造出了一种不同于平凡人家的气氛。

18世纪期间食品的供应逐渐规范化，出现了肉干，并引进了鹅、火鸡、马黛茶和巧克力。巧克力仅仅是贵族能消费的食品。大众阶层主要的食物还是玉米、豆类，最受欢迎的饮品是奇恰酒。

智利殖民社会根据人种、经济和法律因素被划分为不同的阶层，这些因素都是决定个人社会地位的重要指标。总之智利社会是一个非常僵化的等级社会，几乎不具有社会流动性，因此民众十分顺从。

种族的差异是殖民社会形成的基础。白人、土著、黑人和混血人种天生不同。另一个造成社会分层的因素是经济。获取和享受物质的能力取决于财富的积累，因此，财富的不同造成了不同人之间的差异，就算在同一人种中也因为经济的悬殊存在着巨大的个体差异。

法律地位同样十分重要。并不是所有的智利居民都有资格担任公共职务，也不是所有人都能享受王室授予的特权，这也间接地造成了人与人之间的不平等。

拥有土地的智利贵族担任了重要的政治与管理职位。有的也加入了大商人的行列，特别是那些在18世纪中叶从巴斯克地区来到美洲的人，矿主、军事、民事和教会中的高级官员都由这些人担任。

身为征服者的后代，土生白人继承了大面积的领土，成了土著奴隶的拥有者。他们在经济上形成了一个非常强大的团体。而在政治方面，他们只在市政会有影响力，他们通过购买官职参与这里的政治。他们也拥有文化和社会威望。为了加强他们的权势，有的家族获得了贵族头衔，为了巩固家产还建立了长子继承制。

中产阶级由小商人、中等农场主、工匠、军官和政府雇员组成，这一阶级还处于起步阶段，力量很小。处于这一阶层的人大多是没有财产且文化程度不高的西班牙人和土生白人，这些人几乎不会阅读和写字。

混血人种大多生活在乡村，处于极度苦难和不稳定的境地。他们受其他社会团体的排挤，但又享有比土著和黑人更高的社会地位。由于生活在边缘地带，许多混血人种以流浪和抢劫为生，过着闲散、堕落的生活。后来逐渐取代了土著在农场和矿场劳作。而在混血人种之间还有着基于肤色的差异，那些外貌更加接近白人的混血儿更有机会改善他们的处境，特别是女性，她们可以与西班牙人或土生白人通婚。

混血人种中也有着不同的类型：城市中的底层群体，如工匠、家佣；稍微富足些的农民，如农庄里的工头，他们往往能靠自己的工作从主人那里换取一小块土地；还有就是生活在社会边缘的人，如闲人、流浪汉、乡村土匪。

18世纪的土著因为文化、语言、习俗、思想和行为方式成了一个非常特殊的群体。在法律上土著受到了合法的保护，但事实大相径庭。他们被迫离开家园，承受过量的劳动，疾病和战争让他们逐渐消失，最终在人种混血的过程中彻底消失。不过通过文化和习俗的渗透，土著对智利人民品格和思维的影响一直延续到了今天。

黑人奴隶构成了殖民社会最底层的部分。他们大都十分顺从和忠实，因此被委以值得信赖的内部工作，如车夫、工头和酿酒师。

外来黑人与其他人都不相同不仅是因为他们的出身、文化特点和社会习俗，还因为他们从事的是手工制造类的活动，这在伊比利亚半岛是非常受歧视的工作。他们中大多数人会与当地的女性通婚，借此充分融入殖民社会。

在整个18世纪，特别是18世纪中叶，人口一直维持稳步增长的势头，这一势头持续到20世纪才终止。这一时期的人口现象被归类于"旧型"人口体系，其特征有土著人口的下降，白人的混血人种增加，人口从农村到城市的缓慢转移，高死亡率和高出生率。据统计，智利人口在那时翻了一番，1700年到1835年间的人口增长率一直在1.8%左右，1760年到1785年间人口增长率提高到了2.3%。这样，智利在殖民结束时就拥有了超过百万的人口，而且是一个相对年轻的人群，其中15岁以下的人口几乎占了总人口的40%。

物质生活与社会事件

到了16世纪末期，智利的领土已经有了基本的轮廓。北方的边界是荒芜的阿塔卡马沙漠，南方的领土一直延伸到了合恩角，安第斯山脉与太平洋则是它天然的两翼。然而那时候这条狭长的地带并没有作为整体衔接起来，只有某些特定的地区，如山脉到海洋之间的平地和一些河谷才是真正在智利统治之下的地区。这也印证了智利建立起的共和国从北到南的发展特点，这些在殖民时期分散的区域逐渐成了构建整体的部分。

这为1776年拉普拉塔河总督建立时确立的领土范围奠定了基础，改变了总督管辖范围的边界，库约（Cuyo）成了新总督领土的一部分，与智利相分离。通过这种方式，一切位于安第斯山脉之外的地区都被排除在智利主权的影响之外，从西班牙人到达美洲时起也确实一直是这种情况。

比奥比奥河与拉塞雷纳之间的区域聚集了大部分人口，该地区主要发展农业和矿业活动。在圣地亚哥中央平原地区，丰富的自然资源和肥沃的土地不仅促进了农业的发展，还让该地区建立起了聚居地和城市中心。从北部到科皮亚波河地区，横向山谷的产物为分散在沙漠地区的采矿工厂提供了生活所需。

在安第斯山与太平洋之间的狭长地带，奇洛埃岛与无人居住的阿塔卡马之间土地的气候类型丰富，从沙漠气候到多雨的海洋气候都有，不过部分地区地处温带，有着分明的四季，非常适合人类居住，殖民生活就是在这片土地上展开的。这是一片被它的居民称赞的土地，教士胡安·伊格纳西奥·德·莫利纳（Juan Ignacio de Molina）将它称之为"南美洲花园"，但这也并不足以掩盖该地区在西班牙帝国统治下的破败。造成这种情况的原因不仅在于它地理位置偏僻、经济落后、物资匮乏，还因为这里长期遭受着灾害的侵袭，如地震、海啸、火山爆发、洪水、干旱、瘟疫、流行病，除此之外还不得不长期忍受阿劳科战争和海岸线上的海盗入侵给人带来的物质和心理摧残。这个被"不幸事件"打上了烙印的社会就在频繁的自然灾害中逐渐成形，渐渐地磨炼出了智利人的性格，要求这个民族的人民时不时地展示出社会团结以克服自然、意外和强权不断给他们带来的考验。

在不胜枚举的灾难和令人恐惧的事件中，正是那些充满戏剧性的事件造就了智利的民族特性和人民的集体行为，如1579年和1680年弗朗西斯·德雷克（Francis Drake）和巴尔托洛梅·夏普（Bartolomé Sharp）对拉塞雷纳的袭击，1647年5月和1730年7月摧毁圣地亚哥的两场地震，1751年伴随着海啸狂扫康塞普西翁的地震。

在波旁王朝的政策背景下，智利政府是个实干派的中央集权政府，投入了大量的精力鼓励一切高收益的生产活动，智利政府经历了持续的经济、社会和文化扩张，这种繁荣在土生白人贵族掀起的独立运动时达到高潮。

由于人口和既有财富的增长，18世纪期间在科皮亚波和比奥比奥之间的地区建立起了许多的城镇，这些城镇成为食品和货物发配中心。这里聚集了各式各样的探险者和福音传播者，他们踏遍了海岸线和智利领土，扩充了自己的知识量和对资源储备的了解。对胡安·费尔南德斯群岛的占领、麦哲伦海峡的占领，奇洛埃岛的基础建设和对巴塔哥尼亚西海岸的勘探都发生在18世纪。但有的区域，如巴塔哥尼亚西部的艾森（Aysén）大区就被殖民者从殖民区域中摒弃，一方面是因为该地恶劣的气候环境难以建立流畅的沟通渠道，另一方面是君主的利益驱使。

北部的矿场推动了北部城镇的出现，如科皮亚波、瓦斯科（Huasco）、伊亚佩尔（Illapel）和佩托尔卡（Petorca）。而在圣地亚哥邻近的山谷地区，农业和矿业平分秋色，这里诞生了基洛塔（Quillota）、圣费利佩（San Felipe）、洛斯安第斯（Los Andes）、卡萨布兰卡（Casablanca）和圣何塞德迈波（San José de Maipo）等城镇。圣地亚哥与比奥比奥之间的中央平原，兴起了农业城镇兰卡瓜（Rancagua）、圣费尔南多（San Fernando）、库里科（Curicó）、塔尔卡（Talca）、利纳雷斯（Linares）、帕拉尔（Parral）和圣卡洛斯（San Carlos）。沿海地区则形成了农产品的出海口新毕尔包（Nueva Bilbao）和考克内斯（Cauquenes）。最后，瓦尔迪维亚和奥索尔诺的重建为当权者规划的版图画上了最后一笔，让城镇成为建立社会秩序的基本要素。

智利殖民时期的建筑修建时资源匮乏、人民生活艰辛，极大地受到了自然环境和经济条件的限制。就地采集的石灰、土坯和木材在很长时间内都是主要的建筑材料。建筑的外观一向朴素、简单，建筑追求的只是实用性和舒适性，尽量避免奢华。现存的殖民时期的建筑代表有拉莫内达宫、皇家审问院（现为智利国家历史博物馆）和圣弗朗西斯科大教堂。

殖民者的家宅虽然占地庞大，但外墙都朴素简单，窗户由粗厚的铁条固定着，多为单层或双层建筑。房屋的主人会在里面举办愉快的家庭聚会，或是邀请客人来聚会，女孩子们能在聚会上唱歌、跳舞、弹奏竖琴展示自己的艺术才华。也是在这些房屋里，圣地亚哥的社会主流们会定期款待远道而来的有身份的客人。

殖民时期的食物品类丰富，具有将土著的食物与欧洲的食物相融合的特点。人们偏爱的食物有玉米、熟肉丁和蔬菜做成的辣子腊肉丁、面粉包裹碎肉和洋葱做成的肉馅饼、南瓜面粉做成的炸糕，火鸡、山鹑、各种鱼类和海鲜，还有豆类都是餐桌上常见的食物，通常伴着辣椒、葡萄酒或奇恰酒食用。人们也时常制作甜点和果酱，每天喝两次马黛茶，也喝巧克力饮品。

上流社会的女士们会追随西班牙和利马的潮流，穿刺绣精美的长摆连衣裙。有地位的男士则追随欧洲的潮流，戴假发、穿刺绣夹克、带花朵的背心，着短裤和长筒袜。中产阶级的男士都穿着斗篷、粗犷的衬衫、及膝的宽大袜子和皮鞋，檐帽是他们衣橱中的重要元素。而社会上最穷的群体只能穿没有任何装饰的普通衣物：女人穿一条松垮的裙子，男人则是一条及膝短裤、一双凉鞋和一顶檐帽。

公共集会可以是宗教性的或非宗教的。非宗教集会的原因一般是新君主登基、小王子出生，或是新的总督就任。这时会组织斗牛、游行或是各类竞赛，例如赛马。宗教性的集会更为庄严，会在国王去世、圣诞节、圣周、圣体节以及许多其他重要宗教日组织。宗教集会时，民众会虔诚参与，而集会的一切都受到教会的严格监督。

民众的安居乐业使音乐艺术的发展成为可能，而音乐艺术的发展也受到了西班牙文化发展和法国的影响。有的统治者带来了乐谱、小提琴、竖琴和手鼓，因此殖民地有了音乐聚会，到殖民时期的后期，钢琴也加入其中。许多声名显赫的土生白人，例如爱国运动中的积极分子何塞·安东尼奥·德·罗哈斯和曼努埃尔·德萨拉斯对代表时代前沿的书籍、科学仪器充满了热情，这一特点让他们在人群中分外突出。

战争、家务侍奉、庄园劳动，以及其他将西班牙人与土著联系起来的各种活动都促进了人种混血，而这一过程催生出的相对独特又统一的人口群体随着时间流逝，渐渐发展成了智利民族。然而这种人口的同质化又并非绝对的，所以直到现在，还有大约5%的智利人口保留着高加索人的特点和欧洲的姓氏，虽然95%的人口都是有美洲原住民血统的混血人种，但随后的社会和经济发展都显示出这是一个白人和欧式的社会。

许多因素都推动了智利人口的种族同质化。一方面，国家领土的偏远和孤绝让外国人很难在殖民时期来到这个国家，这就给人口的内部发展提供了一个刚性框架。另一方面，西班牙人与土著集中聚集在中部平原地区，两个群体的接触交流加剧，催生出大量混血人种。黑色人种的稀缺也是一个因素，除此之外，还有庄园中浓重的乡村生活基调、混血人种可以不受阻碍的社会经济环境。而一系列因素也解释了土著这一群体在智利的衰落，如战争及其带来的死亡和破坏性灾害，疾病和遭受的虐待，与家人的分离，对生活丧失希望等。

与土著和黑人不同，混血人种被认为是完全自由和自主的人，不过这自然也不能让他们免受歧视。刚开始，混血人种因为既不是西班牙人也不是土著而遭到排斥，后来这个群体才渐渐地强大起来。要知道在这个以肤色严格划分等级的殖民社会里，混血人种在很长一段时间里都处在社群的边缘地带。

被排斥在社会边缘的混血人种在田间和矿区游荡，靠自己的双手做些短工。他们生活贫困、飘摇、远离一切社会准则、四处迁移，到处都有他们的后代，渐渐地，这一群体成了殖民者的隐忧。

到殖民时代的末期，混血人种的社会状况开始有了转变。种族同质化的自然过程以及后来的国家独立和人人平等的理想使社会转型成为可能，也让混血人种的价值有了被重新定义的可能。在这个时期，混血人种中已经出现了许多主导各社会部门的个体，这些人的白人特征较为显著。

艺术与文化

在不同的人类群体中，一种新的文化诞生了，这种文化由欧洲人主导，却也反映了美洲土著与黑人的存在。殖民艺术结合了西班牙元素与土著特色，催生出了殖民风格，也称克里奥尔风格，也就是说，这种艺术风格受社会高层群体制约，却以充满想象的复杂点缀为特点。这种风格在建筑、雕塑、绘画上均有表现，其中以宗教为主题的艺术作品最为明显，如教堂、圣人雕像、圣经场景绘画。诸如陶瓷、纺织品、贵重金属制品在内的手工艺品也彰显出了这种风格特点，如马黛茶杯、餐具等。耶稣会的人是展现这些艺术的一把好手。

教会成为西班牙裔美洲人的基本机构，在教育和文化方面有着巨大的影响。神圣的教条可以毫无阻力地强制推行，促使了大量宗教团体的建立，这些团体的目标是向土著传播福音，在精神上帮助西班牙人和土生白人，传播天主教的道德规范。然而，他们传播的规则和戒律却无时无刻不被打破。

18世纪期间，智利的教育秩序相较前两个世纪有了显著的发展。许多因素都能解释这一现象的出现：随着社会经济的巩固，土生白人的贵族阶级开始对子女教育事业的建立产生兴趣，虽然耶稣教会的文化活动（教会的学校涵盖了各个阶段的教育）和波旁王朝萌发的开明专制对教育事业有着巨大的推动作用，却不足以满足现存社会对教育活动的需求。与殖民生活中其他的方方面面一样，文化也受到了王室和教会严格监管。

初级教育被掌握在传教士和教师手中。初级学校会教授学生读写和算术，除此之外还有公民教育和宗教道德课。18世纪，得益于当权者与教会的财富增长以及他们共同努力，初级学校的数量大幅增长。其中值得一提的有主教曼努埃尔·阿尔迪（Manuel Alday），他推动了在教区内建立学校的进程，而总督安布罗西奥·奥希金斯则提出在每个城镇都建立学校。

中等教育则由教会负责，学校会教授学生语法、人文、神学和道德，其中耶稣会和多明我会的学校最负盛名。仅在18世纪时，智利就拥有了高等教育机构。1758年，圣费利佩大学开始运营,该校设有七个科目。后来,在杰出人物曼努埃尔·德·萨拉斯(Manuel de Salas)的推动下,圣路易斯学院成立了,该学院的办学目标是教授与贸易和工业相关的实用知识。

智利文学在史实文学这一类型上出现了颇多杰出人物和作品,其中的最重要的代表有神父阿隆索·德·奥巴耶,他出版了《智利王国历史关系》;阿隆索·冈萨雷斯·德·纳杰拉和他的作品《智利王国战争的醒悟与补救》;弗朗斯科·努涅斯·德·皮内达·依巴斯库利昂在他的作品《幸福的囚禁》中讲述了他与土著一起生活的几个月的时光。在殖民时代的最后一个世纪,历史纪实、地理和哲学类作品取代了史诗和战争描写。这一时期出现了代表殖民时期文化巅峰的作品,如耶稣会的米格尔·德·奥利瓦雷斯(Miguel de Olivares)的作品,下级教士莫利纳所著的《在荣耀与威严中降临的弥赛亚》,以及曼努埃尔·拉孔扎(Manuel Lacunza)关于千禧年主义的作品。

胡安·伊格纳西奥·莫利纳是智利最杰出的作家之一,同时也是自然学家、语言学家和历史学家,他在意大利出版了两部关于智利气候、矿产、自然地理、地质、动物和植物的作品,和一部17世纪中叶以前的智利殖民史,他的作品《智利王国地理、自然与文明史大全》和《智利自然历史随笔》对土生白人群体意识的产生有决定性的贡献,该群体意识中最基本的要素之一就是对自我价值的评定，延续了从征服时期就开始的传统，但直到殖民时代末期才真正成型，成了土生白人政治心理的一部分。

之前征服者们需要大力赞颂智利优渥的自然条件以吸引移民和资源来这片名声不好的土地。所以"智利是南美洲受福泽的土地"的概念其实源于相当现实的需求，而不是欧洲人对具体现实的观察和体验。许多证词争相对这一概念做出解释，也助长了对智利的气候与地理条件进行夸大其词的描述的倾向。

狡黠的佩德罗·德·瓦尔迪维亚就描述这片土地"充满了欢乐"，只有"四个月的冬天"，"夏天非常温和"，有"最茂盛的牧场和最肥沃的土地"，在这里可以"饲养各种牲畜，播种各种植物"，有"富饶的金矿"，"上帝创造这片土地的目的就是为在此居住的人创造幸福"。

17世纪初期，西班牙士兵冈萨雷斯·德·纳杰拉在他的作品《智利王国战争的醒悟与补救》中写道："智利的土地如此肥沃，凡是播下种子的地方都能收获丰厚的粮食。"物资丰富、环境优渥的观念就这样在殖民时期渐渐地根植于人心。1646年，阿隆索·德·奥巴耶在他的作品《智利王国历史关系》中写道："该王国土地肥沃、物产丰富"，而18世纪时，下级教士莫利纳的作品《智利王国地理、自然与文明史大全》给人们呈现了一个"被自然偏爱"的国家，称这个国家是"南美洲的花园"，"闪耀着与欧洲相同的完美、富饶的光芒",在这里"可以享受一切你想要的舒适生活"。

莫利纳对智利称颂也可被放在"关于新世界的争议"的大背景中,该争议由布冯等科学家在18世纪中期开始,科学家们想用他们的考察过程和结果证明美洲及其物种的劣等性,其中包括土生白人们的反击,所以这位智利的耶稣会下级教士决定用他充满对家乡赞颂的作品来反驳那些自然学家,作品中洋溢着美洲人为家乡优越的自然条件而感到的自豪情绪,面对欧洲人的蔑视油然而生的爱国主义情感,以及土生白人群体意识觉醒时对自身的肯定。

殖民社会的文化也体现在宗教圣像绘画和建筑中。最早的殖民文化伴随着城市的建立、教堂的修建而出现。由于流行病和自然灾害不断地影响着当地居民,城市里的名流都在宗教的狂热中寻找救世主。因此,他们雇佣工匠们建造宗教形象,从这些宗教作品中,能明显地感受到基多与库斯科的大师们对它们的影响。

殖民时代的基本特征之一是所谓的"智利传统"的诞生。这是欧洲的征服者及其后人与当地土著的混血交融所取得的果实,形成了一个以基督文化和西方价值为标志,以乡村生活为基调的社会,混血人种的比例不断攀升,而贵族在这个社会中占绝对主导地位。同时是一个等级森严、暴力、充满歧视的社会,其中的社会关系和人际关系都受到了个体间人种、社会地位、性别、威望、权利和家族力量差异的制约。

智利殖民社会的另一个特征是智利作为帝国尽头土地所面临的艰苦与不稳定性，这种艰难让智利人形成了一些突出的特征，如一直维持至今的热情好客。其实，这也是一种换取补偿、让人们更容易在困苦的现实中忍耐的方法，对智利地理条件的大肆赞扬也是出于同样的道理。

热情好客作为集体补偿的方式

18世纪期间，大量科学家出于不同的动机在美洲的土地上开展调查，他们四处测量土地、调查人口、总结描绘、制定规划。在帝国竞争、开发新的财富资源、追求国家荣誉和满足科学需求的驱使下，西班牙、法国、英国和普鲁士科学家们踏遍了美洲的土地。

虽然18世纪期间渗透殖民管辖海岸地区的旅行者并不多，不过他们写下的关于西班牙帝国遥远边陲的见闻极具说明性，对我们了解智利殖民生活的特点十分有用。从这些旅行者所写的见闻中，能看到他们所处时代的一些智利风俗，特别是当时的女人们用来获取欢乐和消遣的方法。

这些文字描述让我们可以通过当时人们的态度与行为中所展现的欢乐与消遣来辨识社会补偿机制。社会补偿机制是指介于接受与排斥之间的被广泛认可的行为，在一个时代背景下，它可能微不足道，但能反映一个社会中普遍的人性矛盾和最根深蒂固的特点。比如人们衣着、手势、态度、举止、肢体的动作方式，以及从中得到的满足感；从观察者角度看到的人们在各种情况下获取快乐的方式，不管是微妙的、敏锐的、精致的，还是滑稽的，只要不是人们认为的古怪的、不知廉耻的行为。所有的这些，例如人们的衣着方式都说明了智利社会在历史中的拮据性和封闭性，以及智利人民的身份标识。

智利女性在面对外国人时的行为，以及她们想要通过肢体与言语吸引外国人的热切愿望都是她们用来克服所处社会的隔绝与孤独状态的策略之一，而不是出于自身生活的枯燥与痛苦。而这其中所产生的满足感可以从她们"极度享受"的态度中得到证实。虽然这是一种私密、个体的享受，其根源也来自她们所处的生活条件，以及她们也为社会贡献了一份力量的社会特征。

18世纪初期，阿玛迪奥·弗雷泽（Amadeo Frezier）在南美洲西海岸旅行时，有一种现象引起了他的注意，他在日记中是这样描述的："智利盛行一股热情好客之风，因此来这里的外国人大多都会受到非常热情的款待。"这位法国科学家在1712年被留下的印象后来在整个18世纪得到了诸多旅行者的证实。例如,马斯皮拉科学探险队在1790年的见闻中写到被他们称作"智利西班牙人"的当地人的"热情与款待""友好的态度"和"持续的好客热情",称赞他们性格"极其善良与慷慨",他们还说"没有人像他们如此慷慨地对待旅行者"。是什么原因导致了智利人对外国人投入如此的热情?这些身处遥远的美洲西班牙人为什么具备如此热情好客的品质?1795年来到智利的乔治·温哥华(George Vancouver)给出了一个解释:"我们能感受到的每个人的欢乐情感大多来自我们对他们的热情款待的认可。"从与旅行者的友好相处中获得的趣味、快乐和满足应该是智利居民如此热情好客的根本原因。

  这的确是个合理的解释,尤其是考虑到殖民政府的海岸上很少接待外国人,对于这里的人民来讲,外国人的来访是这个与世隔绝的本土社会中的一件大事。除此之外,专业水手、科学家、文人甚至是名人的稀缺都让这些人的到来成了一件引人瞩目的事,不仅仅因为他们英国人、法国人或是西班牙人的身份,还有他们有时候表现出的奇特的行为习惯,以及带来的新奇的工具和物件,或是领先于当地的技术等。正如温哥华所记载的:"在一场由当地官员招待的盛宴中,卡萨布兰卡几乎所有的村民都出席了,在场的每个人都对眼前新奇的场景十分满足。"

欧洲旅行者在智利备受欢迎并不奇怪，他们的出现满足了当地人们很大的期待，从某种程度上讲他们逗留期间的活动多少被赋予了社会活动的性质。有了这些旅行者的出现，当地人民得以在一系列反复、朴素的社交活动中获得满足感。对于这些东道主来说，与这些旅行者打交道不仅意味着能从分享他们的物质与经历中获取快乐，还是在同胞面前赢取声誉和赞许的好机会，进而能产生一种优越感。

可能是因为远离了欧洲人民的辉煌与进步；远离了欧洲人对其他殖民地区的蔑视；远离了经济困难和残酷的战争之地；远离了欧洲几个世纪以来的连续灾害所带来的可怕后果，智利的居民不仅逐渐培养出了热爱故土的性格，还对外乡人充满了热忱。这种热情好客的特质的产生其实是一种安慰机制，从外国人的认可中强化社会团体。

这些旅行者们还证实了智利女性在接待他们的过程中表现更为突出，虽然她们的行为可能超越了当地习俗的约束。

阿马迪奥·弗雷泽曾说过："这里的女孩子所表现的礼数十分吸引人，如果再配上漂亮的外表就更让人心波荡漾了。"他还补充道："她们非常和善，有着灵动的眼睛和活泼的语言。"他在游记中写道："她们喜欢不拘礼数，通常给出的回应在我们习俗中看来还有一丝放荡的气味。"他的判断确实是正确的。

在18世纪90年代，乔治·温哥华称赞了卡萨布兰卡的年轻女孩儿们说"我们在这里看到了不少漂亮的面孔"，而他对圣地亚哥女性的评价是"并不缺乏个人吸引力，我们有幸见到的大多数圣地亚哥女性都是深色皮肤、黑色眼睛"，总之他们得出的结论是"她们很漂亮"。拉佩鲁贾（La Pérouse）则更加热情地提起了康塞普西翁的女性："她们大多都非常漂亮，并且有着非凡的教养，我肯定在欧洲任何一个海滨城市，外国水手都遇不到如此热情和舒适的款待。"

约翰·拜伦（John Byron）在他长期逗留期间也有过不少与圣地亚哥女性接触的机会，他发现她们"非常漂亮"，并认为她们"着装十分华美"。几十年后，乔治·温哥华也注意到"她们的功夫全都花在了衣着上了，因为这些女性紧跟巴黎的衣着时尚"。弗雷泽也曾留意过女性的衣着，他发现"除了披了一件从背部一直覆盖到膝盖的大披肩的时候，这些女性通常会将肩膀和前胸半裸露出来"。

然而，智利女性的着装并不是她们吸引外国旅行者和其他男性的唯一要素。其实，这只能算是她们在欲望的驱使下表现出的态度与行为的外部补充，而欲望与动机的根源来自孤绝与匮乏的环境所塑造的人格。

在启蒙世纪初期，阿玛迪奥·弗雷泽在观察女性时发现"在如法国一样自由的家中,她们非常乐意接待好心的来客,并通过弹奏竖琴或是吉他来一起消遣,如果客人再请求她们跳舞,她们会非常礼貌地答应"。弗雷泽还批判了她们过度的放纵和喜欢调情,他写道:"那些法国情人都不敢轻易提出的让良家妇女愤慨的提议在这里非但不让人感到羞耻,反而让她们十分高兴,甚至坚信这是爱情最好的展现,引以为荣,并没有人将此看做道德上的污点。"

费雷泽充分地捕捉到了南美女性在展现自己的妆容,接受来自男性的欣赏与献媚时所获得的满足、享受与喜悦。对于她们来说,注意力、外观和吸引力毫无疑问地代表了快乐的源泉。费雷泽向他的读者和那些将要踏上与他相似旅途的人们发出了警告:"人性的小心谨慎应该足以防止男性跌入这个国家的女人娇媚的陷阱,她们非常精通善用自己弱点的艺术。"乔治·温哥华没有理会这位法国智者的建议,因为他的文字记录中充斥着他对智利女性的热情,他曾写道:"她们对愉悦的渴求非常具有说服力。"

尽管美丽的智利女性对旅行者们的娇媚示好让他们十分沉迷,但最终还是不能逃过旅行者们对她们给予的道德评判。据温哥华的记录,他在圣地亚哥观察得出"不仅是在女性的交谈往来中,甚至在舞蹈和其他自由的场合中,外国旅人(尤其是英国人)都不能对智利女性的道德给予太高的评价,而只能做出对她们不利的评判。"

温哥华的评判并非一家之言,也不只限于智利首府的社会环境中。拉佩鲁贾伯爵在提及康塞普西翁的女性时得出了相似的结论"这里的女性过分地殷勤"。

如果智利的地缘孤绝状况能帮助我们理解这里的居民对于偶尔到来的外国旅人展现出的热情,那么,18世纪90年代时马拉斯皮纳与他的手下在其逗留期间秉着科学精神收集的数据——"智利女性与男性的人口比例是3∶1"——更加确切地解释了这里的女性开放的行为方式的起源。难道不是因为男性人口的短缺,女性需要不断地俘获少数人口的注意力,从而渐渐培养了她们开放的行为方式吗?这也能解释为什么对社会大多数群体(除了教会)来说,女性的态度无可厚非。或许是他们已经习惯了现实构架下的道德观。

女性们的开放的行为方式的形成也可以这样解释:在一个像智利这样受限制的社会中,热情好客已经成了代表社会认同的态度,成了其社会主体应具备的个性,也因此赋予了社会中的女性款待外国人的角色和职责,允许她们表现出一些只有外国人在场时才被包容的行为。就这样,这个平庸、不安的社会团体利用了人性(而非其成员的属性)来获得满足。

在与外国人的交往中，女性大多数时间都是在男性的陪伴之下，她们也并没有因此掩饰自己的态度，甚至有时是男性助力了她们的表现。例如，拜伦就不止一次地提到过这一点，乔治·温哥华也在一位非常好客的西班牙商人的家中发现，这位商人不仅积极地组织宴会，还坚持让英国人和女士们聚在一起，不为别的，就为了让他们一起舞蹈。

的确，费雷泽将智利女性"贪婪"的性格归因于她们的"虚荣与放荡"，她们的献媚倾向与征服欲望，但事实上是社会压力以各种方式在她们身上作用的结果。其中一种表现在解释触犯婚姻与性道德的司法程序中，在一起案例中，一位教会法官说出了实情："对于女性来说，没有比婚姻更重要的事情，步入婚姻是她们人生最后的台阶，所以她们容易陷入对未来的幸福承诺的旋涡之中，眼中没有律法。"可能得出的结论是女性因为过于渴望婚姻，会为了达到目的使用一切有效手段，不管是真相还是谎言，承诺还是欺骗。

智利女性的自主性与主动性，如旅行者们观察到的她们在面对、解决问题时的行为特征都可以解释为殖民演变中特有的偶发结果。例如，阿劳卡尼亚的边界关系长期以来都被贴着暴力、动荡的标签，社会极不稳定，女性们不得不承担起一些男性缺席的责任。说到她们靠吸引男性来获取快乐的动机，不得不考虑女性在日常生活中所遭遇的虐待与遗弃。这两种情形都助长了女性养成风流的习惯来填补她们的情感空缺，在情感缺乏的情况下获得满足感。与男性不同的是，女性并没有因为她们这样的态度受到指责或是批判，如此一来她们的行为更是受到鼓舞。

隐藏在讨好、渴望被关注、期望被欣赏与认可之后的其实是脆弱，这种脆弱性不仅存在于女性身上，同样也存在于催生了这种女性态度与行为的社会之中。或许，在热情好客的社会环境和无拘无束的女性做派的表象之下，隐藏着的是社会与个体的不安全感。隐藏着一个屈服于地理条件带来的各种生存挑战的共同体的脆弱，此外，相比帝国的其他殖民地，这也是一个衰败的共同体。

这个社会共同体特有的脆弱性让它发展出了一种对外国人殷勤款待甚至献媚诱惑的补偿机制。这种态度不仅能让社会中的个体获得快乐与满足，也有助于维持社会稳定。这就是智利人倾向于寻求外来人认可的原因。他们的奉承和体贴让这个不稳定的共同体更加坚实。

因此，在大家都能看到的行为语言之后，隐藏着深层的意识动机，精神层面的动机折射在了人的行为与人格之上。

-6-

组建共和国

民族独立的历史背景

推动独立进程的因素有许多，19世纪初期，土生白人开始意识到自己的处境，想要脱离西班牙建立共和国，开启自主的生活。

君主制下不利的经济政策是推动独立最重要的因素。土生白人认为自己在波旁王朝所带来的自由贸易中处于劣势，因为进口的产品已经让市场饱和，导致本地贵重的金属不断流向欧洲来交换这些进口商品。

永久性的商业垄断阻止了土生白人发展制造业，让美洲人民严重不满。除此之外，由于西班牙财政部的危机，西班牙王室对沉重的赋税收取从来不知满足，不仅不断地提高税收额，还不停地创造新的税种。

行政与政治职位的竞争也激起了西班牙人与土生白人之间的争端。因为特权的存在，大多数的公共职位都被欧洲人占有。土生白人在处于劣势的情况下渴望获得政治权利来执行对他们有益的改革。而对于伊比利亚半岛的人来说，美洲是应许之地，这里充满了让他们过上西班牙上流社会生活的机会。土生白人们却不愿意将本地资源开发与日益增长的全球贸易带来的利益与他人分享。

总而言之，西班牙人与土生白人之间的对立不仅让双方互相反感，更是激起了后者对独立自治的渴望。

土生白人们曾批判宗主国对殖民地的文化遗弃，这也是引起他们不满的另一个根源。教育的短缺、报刊与书本的缺失、阻碍民众阅读文学的审查制度，都激发了土生白人获取权力的欲望，他们希望依靠改革来改变现状，提高民众的精神文化层次。他们确实在执掌政权后立马就这样做了。

受启蒙思想的影响，政治自由的基本原则，如三权分立和人民民主的概念也被智利的土生白人们所了解和追捧，并在他们登上政治舞台后指导了他们的行动。美国的独立和法国大革命给他们留下了深刻的印象，因为这意味着他们也可以获得自由和自治。尽管这些例子遭到的阻碍引发了大量的流血事件，但对土生白人来说是非常具有诱惑力的，许多人都希望模仿这些革命者。

智利贵族阶级所经历的一切，包括他们的经济实力、社会特权以及对大部分文化资源的掌控，都解释了他们为什么一直如此的渴望权力。他们也希望靠权力推行改革来修正殖民体制的缺陷，推行能更好地利用当地资源的政策。

整个18世纪，土生白人贵族在智利殖民社会占据了主导地位。他们的发展壮大是智利整个殖民时代发展的结果，尤其是殖民时代最后一个世纪的发展。土生白人贵族发展成为一个成熟的社会团体以后，燃起了染指他们不曾拥有的政治权力的野心。不过，在获得权力之前，土生白人贵族们首先意识到了智利土地的特质和智利人民的价值，叹息这两者并没有受到西班牙王室的重视和充分利用，这也成了土生白人获取权力的先决条件。这是土生白人的意识觉醒中的基本要素，点燃了他们自由主义的热情。

被从智利驱逐的耶稣会教士们在欧洲写下的历史、地理和文学作品为土生白人自我意识的形成提供了助力，这些作品大都过分地赞誉了这片土地的自然环境和居民品质。除此之外，启蒙性的科学与哲学作品的阅读以及智利人与旅行者和探险家的直接接触都激发了他们的批判精神，开始反思自己在帝国背景下的现状。

土生白人贵族激起了美洲意识的觉醒，让他们有别于西班牙人，有了国家意识，从自爱的角度上来看，这表现在他们对自己周围的环境、自己的历史和自己的人民强烈的热爱与依恋之中。美洲意识也体现在他们对"祖国"的发展与扩张的渴望上，虽然他们也想继续维持既有的社会地位和特权。

独立过程

虽然19世纪初的政治环境对西班牙不利，但若不是1808年拿破仑入侵了伊比利亚半岛，这些因素还不足以从根本上引发改变西班牙殖民状况的暴力决裂。

西班牙存在着一种微妙的政治局势，法国正好利用了这种局面夺取政权。在西班牙国王费尔南多七世被法国人俘虏的波约那会面之后，西班牙人开始武装对抗高卢军队。

为了在国王缺席的情况下管理好国家，国王的大臣们共同组建了地方政府，后来统一成立了摄政委员会，摄政委员会发起了全国性的大会即加的斯会议（Cortes de Cádiz），该会议还邀请了美洲殖民地派代表参加。

美洲的政府高级官员、神职人员和商人大都接受了邀请，但大部分的土生白人不肯接受邀请。他们认为摄政委员会只代表西班牙人民，而非国王，西班牙国王才是殖民地主权的享有者。因此，在1808年到1810年之间，美洲大部分地区的土生白人们都共同组建了当地政权，如基多、拉巴斯、布宜诺斯艾利斯、波哥大、圣地亚哥。其中有的政权不久就夭折了，有的政权持续了相当一段时间。

1810年9月18日，智利首次成立了洪达政府（Junta de Gobierno），这标志着国家政府的开端和民族独立进程的开始。洪达政府一开始就表达了对西班牙君王的忠诚，称自己只是在国王被囚禁期间代为履行职责，因此受到了整个统治阶级的认可。

在土生白人马德奥·德·托罗·伊·萨普拉诺（Mateo de Toro y Zambrano）的领导下，受更加先进理念的影响，洪达政府的运行越来越独立于西班牙君主制。他的做法包括组建军队、呼吁选举成立国民大会、颁布能确保与所有国家进行往来的贸易法规。

1811年7月，国民大会成立后，洪达政府解散。国民大会中主要有两个政治派别：占大多数的温和派（即后文中的保王派），他们支持逐步地改革；另一派是希望迅速脱离西班牙的激进派（即后文中的爱国派）。在国民大会存在的短暂时间中，提出了通过颁布新生儿自由法来部分废除奴隶制的举措，即所有在智利出生的婴儿都是自由的，也不允许再向这个国家引入新的奴隶。

国民大会解散后，由何塞·米格尔·卡雷拉（José Miguel

Carrera）领导的激进派影响力迅速扩张，获得了匹及国民大会的权力。在卡雷拉领导期间，推动独立进程的举措得以实现。其中包括第一份国家性的报纸《智利曙光》首期问世，这份报纸由牧师卡米洛·恩里克斯（Camilo Henríquez）领导创办，向智利人民传播了共和主义思想：设计了一面新的旗帜来取代西班牙国旗，确定了国家民族意识，并且公布了1812年宣布独立的宪法条例。

秘鲁总督费尔南多·德·阿巴斯卡尔（Fernando de Abascal.）看到智利所发生的一切非常担心。在何塞·米格尔·卡雷拉表现得好像智利已经独立了的时候，秘鲁的西班牙人正在整顿军队意图武力结束这个爱国派政府。1813年的头几个月，由安东尼奥·帕雷加（Antonio Pareja）带领的由3000名士兵组成的保王派特遣队进入了智利领土。卡雷拉把权力交给了洪达政府，这届洪达政府的行政功绩有建立国家图书馆、国立中学和组建爱国派军队。

西班牙军队的进攻从康塞普西翁开始向北扩张。在奇廉（Chillán），爱国派包围了保王派的军队。卡雷拉并没有下定决心发动总攻，而1813年10月，爱国派军队在埃尔罗布尔（El Roble）被偷袭。这似乎注定是一场爱国派失败的战争，直到贝尔纳多·奥希金斯的介入才扭转局面。为了惩戒错误，政府理事会将何塞·米格尔·卡雷拉从爱国派军队的领导层中除名，任命奥希金斯取代他的职位。

为了拖延时间，双方在几次交锋后签订了利尔凯条约（Tratado de Lircay），条约规定，爱国派承认费尔南多七世享有的至高主权，而西班牙人承认土生白人政府的合法性。马里亚诺·奥索里奥（Mariano Osorio）领导的一支新保王派军队的到来重新点燃了战争，战争于1814年10月2日和3日在兰卡瓜发生，西班牙人取得了压倒性的胜利。这次战争也标志着旧爱国主义的结束，智利人第一次尝到了主权的味道，独立的愿望仍然不灭。

当爱国派逃往门多萨（Mendoza）时，奥索里奥踏入了圣地亚哥并重新建立了智利殖民政权。这标志着二次征服时期的开始，一直持续到1817年2月，在这段时间里，爱国派曾经推行的改革被全部废除。西班牙人还专门设立了辩护法庭，要求土生白人们在法庭上承认自己的罪行，并没收他们的财产，更是暴力迫害爱国主义运动中的重要人物，这些做法让西班牙人与土生白人的矛盾更加凸显，让智利人渴望独立的愿望更加强烈。

在智利处于以卡斯米洛·马尔克·德·蓬特为首的西班牙人的严苛统治之下时，以贝尔纳多·奥希金斯为首的爱国派正在门多萨总督何塞·德·圣马丁的帮助下组建解放者军队，这支军队共有3600人，主要由智利人和拉普拉塔河流域的居民组成。军队从1817年1月开始向智利出发，1817年2月12日，在查卡布科战役中取得重大胜利。爱国派的胜利结束了皇权政府的统治，将这个国家带入了走向独立的全新阶段。

在查卡布科战役胜利之后，卡比尔多·阿尔贝托（Cabildo Abierto）把权力交给了贝尔纳多·奥希金斯，授予了他最高领导人的头衔。奥希金斯掌权直到1823年1月，他执政的这段时间对脱离君主国起到了至关重要的作用。这段时间政府的工作重点放在了两大基本任务上：巩固军事独立和组建共和国。

在军事领域，1818年4月5日，迈波战役的胜利确定了国家的独立。为了巩固解放的成果和实现旧总督的解放，组建成立了秘鲁解放者军队，由托马斯·可查尼（Thomas Cochrane）与何塞·德·圣马丁爵士领导，军队于1821年7月实现了目标。

然而，保王派与爱国派之间的战争并没有在迈波战役之后停息。虽然这时候智利的独立地位已经确立，但比奥比奥河以南的军事斗争持续了好几年。西班牙人占领了奇诺埃岛、瓦尔迪维亚和康塞普西翁的大部分地区。虽然西班牙人的军事力量还不足以实现二次征服，但他们还是引发了激烈、残酷的斗争。

急切的西班牙人寻求与阿劳卡尼亚土著结盟的机会，而智利政府任命了爱国派将军拉蒙·弗莱雷（Ramón Freire）为军队指挥官平息保王派的抵抗。两支军队中都充斥着匪徒和逃兵，为了获取利益，战争几乎扫荡了整个康塞普西翁地区。极度的暴力与残忍是这场战役最大的特点。

1820年，当可查尼爵士占领了瓦尔迪维亚广场之后，爱国派开始占据上风。1826年，在取得几场新的胜利和抓获了几个重要的抵抗者首领之后，智利军队登陆了奇诺埃岛（保王派在这个国家最后的堡垒），取得了决定性的胜利。

1818年2月12日，智利签署"国家独立宣言"，同年颁布了旨在构建行使国家权力的法律框架和宪法。1818年的宪法任命了贝尔纳多·奥希金斯为国家最高领导人，赋予了他广泛的权力，并且没有规定确切的任期。同年还成立了参议院，参议院行使立法权、组织法院，以此勾勒出了司法权的未来。许多在独立解放战争中失败的保王派人士混入了参议院的队伍，成了共和国的建立者，这也就决定了智利司法更注重保护资产与财物，而非人权。正如多年以后的皮诺切特独裁时期暴露的那样。

在奥希金斯治理国家期间，为了改善人民的生活状况，政府开展了一系列社会活动，倡导民众减少斗鸡、斗牛等活动。国家图书馆与国立中学再次开放，与此同时，还推动了以学校为基础的基础教育，引入了诸如兰卡斯特导生制的新教育方法。为了避免小贩在城市街头售卖食物，政府修建了一个市场；还将圣地亚哥一段垃圾堆般的小道改造成了阿拉梅达大街；街道照明也得到了改善；一座剧院和一间喜剧厅也投入使用；圣卡洛斯运河建成；诸如圣贝尔纳多（San Bernardo）的城镇建立；修建圣地亚哥公墓和瓦尔帕莱索新教徒公墓。

虽然政府的工作在许多方面都取得了进展，但他们的行为并非完全没有问题。多个因素都让奥希金斯的工作开展变得困难。如战争带来的后遗症、被破坏的印记，以及社会苦难与不稳定造成的经济危机。资源的匮乏加上高额的军事开支，让政府不得不向因战争而潦倒民众们强制征收让人怨声载道的捐税。传统贵族与教会认为最高领导人施行的多项措施都损害了自己的利益而与政府对立，例如废除贵族头衔，这是另一个让新政难以施行的原因。

最后还有，爱国派缺乏掌权经验，也缺乏有准备地担任行政岗位的官员，这些共同造成了共和国初期的困难局面。

当新宪法延长了最高领导人的任期时，民众对政府的怨恨达到了高潮。1823年初，拉蒙·弗莱雷在康塞普西翁发起了一场叛乱。在圣地亚哥，奥希金斯应市民代表的要求交出了权力。民族独立进程的另一个阶段结束了。

共和国的挑战

民族独立不仅仅是简单地为自由而战斗，组建新共和国巩固独立成果的任务同样重要。1810年到1833年之间，智利经历了数年的政治组建与学习。经过多年的试探后，才塑造了新政治现实：一个为组建国家而奋斗的独立民族。

共和国的组织者们在开展工作时要面对许多问题：战争造成的国家财产损失而带来的经济局势混乱；因为公民缺乏政治教育而难以在这个国家普及自由与共和的观念；权力行使人政治经验的缺乏；生活苦难造成的社会与政治动荡；教会与保守派贵族因不满自由平等的改革而制造的阻碍，这一切都成了造成社会不稳定的因素。

政治自由主义发展所孕育出的、在法国大革命中诞生的思想从这个国家独立之初就是其建立新政治与社会制度的基本原则。自由、平等和博爱的概念渗透了爱国派的精神。从这番意义上来讲，民族独立是一个均衡的过程，加速了殖民时期的社会等级与特权的解体。

共和国组建时期的主角们，不管是军事人才还是知识分子，都是共和国的热切捍卫者，企盼着一个权力分立、人民主权、尊重个人权利的共和国。事实证明他们对于法律的力量给予了过高的信任，认为仅靠法律就可以改变社会现实，结束民众的苦难与恶习，统治者们颁布了一系列体现他们政治观念与理想的法规，其中许多都持续到了今天，成了共和国传统的一部分。

1810年到1833年间，统治者颁发了大量的宪法条例与法律法规，充分显示了共和国组建者们的宪政主义热情。脱离了君主制后，法律的威严取代了皇家的威严。宪法作为最基本的法律，是新共和国建立的根基，就连统治者也应服从它的约束。

1812年的《临时宪法条例》是智利颁布的第一部具有宪法性质的条例。根据该条例，智利从此确立了人民主权原则，初步确立了公共权力分立和最低人权保障。

1818年，奥希金斯颁布的《智利国家临时宪法》确立了国家权力的分立：由一位最高领导人作为行政权力负责人，参议院执行立法权，最高法院行使司法权力。宪法还保障了个体自由、公民平等、言论自由和财产权。除此之外，还确立了政府的职责，其中值得一提的是政府有义务帮助苦难者改善生活，为他们提供获取幸福与财富的途径与方法，这在那个时代是非常前卫的思想。

虽然1822年的《政治宪法》只持续了一个月，但是在规范公民与国籍要求方面比之前有了概念性的进步，这部宪法确立了两院制国会，并明确界定了法院的权属，使其独立于其他国家权力。

1828年的《自由宪法》是为建立一个自由体制的国家而做出的最有价值的努力。该宪法将行政权力赋予了共和国总统，但他的权力被削弱，立法权交由两院制国会，除此之外，还在每个省都设立了专门的大会巩固独立成果和个人自由。但由于政治系统的不稳固，这些条例并不具有很强的有效性。

奥希金斯退位以后，这个国家经历了一段动荡的时期，主要表现为各个政治团体为了将自己的理念强加于国家组织而发生的暴力斗争，由于政府的脆弱和权力人接二连三地替换却不能持久而造成的权力真空和无政府状态、持续不断的军事骚动、各种发动政变和中止宪法的企图，以及社会的不安全和不稳定，这一切的根源都是缺乏一个受所有人尊敬和肯定的领导人。这种情况在1830年内战结束、保守派取得胜利之后才改变。

保守派与自由派之间的权力斗争起源是双方对于适合共和国的发展道路所持的看法不同。在这一时期占主导地位的军人与知识分子虽然也属于贵族阶级，但并非这个阶级中最尊贵的群体。他们都满怀改革思想，很快就与传统的权力者形成了对立之势。

对于权力边缘的保守派贵族来说，自由主义的试验不仅意味着丢失他们的特权地位，还意味着缺乏强有力的命令执行者所带来的混乱与不稳定。为反对自由主义政治，贵族阶级发起了试图结束改革主义与社会不稳定的运动，将革命推向了高潮。

1829年，保守派贵族阶级掀起了一场反政府革命，1930年在军事上取得胜利之后，他们取得了权力，结束了自由政府阶段。国家动荡的局势造成的社会疲惫不堪让他们的掌权成为可能。大多数人都渴望秩序、安宁和稳定，因此也支持保守派的独裁手段。

从共和国组织的角度和经济与社会领域来看，共和国组建时期给国家奠定了一系列与国家共有财产密不可分的司法机构，没有这些机构，智利就不会成为像今天这样的共和国。

国家组建时期取得了众多政治与制度成就，其中包括国家独立与共和国的建立，即以代议制政府的形式组织政治系统。宪政主义也是成就之一，即坚持法律是建立国家政治与社会秩序的根基，不管是统治者还是被统治者都应该受法律约束。

那几年间，人民主权和主权分立的概念也被加强，个人权利得到了巩固，自由平等的权利和私有财产得到了宪法的保障。但因为缺乏保障个体自由不受威胁的基本要素，与其说它有效地实现了共和，不如说它构建了共和主义的理想。

经济与社会领域也取得了重要成就。比如开始整顿公共财政，试图结清为资助独立战争而欠下的债务。在这项任务中，财政部部长迭戈·何塞·贝纳文特（Diego José Benavente）与本图拉·布兰科·恩卡拉达（Ventura Blanco Encalada）设计的方案脱颖而出，他们为随后马努埃尔·雷西弗（Manuel Rengifo）的执行奠定了基础，后者在19世纪30年代继续完成任务。

建立瓦尔帕莱索自由贸易仓等各项激励措施促进了智利与外国的商贸联系。不过也有人担心国家的自然资源被广泛认识到后会吸引海外资本进入并开展生产活动。这段时间为推动教育事业也建立了重要的教学机构，聘请外国智者，鼓励大众文化活动。

1813年，智利第一所教育机构智利国立中学的诞生标志了公共教育的诞生，它有着和共和国一样悠久的历史。它在共和国组建的早期诞生说明了对于爱国派来说公共教育是最重要的问题，关乎了他们为独立而奋斗的共和国的未来。

智利公共教育的诞生与这个国家和为了构建共和国而奋斗的共同体的命运紧密相关，正如1813年6月颁布的一项法令所宣称的那样，"政府必须全力关注公共教育事业，一切忽视国民教育的国家都会走向堕落和灭亡，因为教育的缺失造成的后果是民众缺乏对于政府、法律和制度的信任与尊重"。

政府为鼓励科学家为之工作提出了诱人的条件，其中发挥了最重要作用的是客观描绘智利地貌的机会。独立初期尚不存在详细的智利地图，现在需要通过它来了解国家的自然资源。1823年6月26日颁布的一个法令就是例子，该法令建立在"需要收集各种类型的统计数据来指导政府采取必要措施促进国家繁荣"的基础之上，推动了一场"踏遍国土的科学之旅"的实现，目的是勘查国家的地质情况，了解其矿产与自然资源，胡安·道克迅·拉瓦塞（Juan Dauxion Lavaysse）被任命为此项目的主要负责人。几个月后，同年12月20日，科学之旅完成后，政府下令绘制了智利国土地图。

对绘制地图的需求源自政府在日常作业中"在民事和军事管理和下达促进工业发展和地方经济的政策时却没有国土地图所带来的不便"。不过也是因为急需完成制宪大会下达的划分政治管辖区域的命令——"取得必要的数据以合理地划分行政区域"。在此背景下，最高领导人下令"立即绘制智利国土地图"，将任务委托给了阿尔贝托·德尔贝和卡洛斯·安布罗西欧·罗泽尔。

由于当权者能力有限而造成了上述初始尝试的不尽如人意，所以直到19世纪30年代初期才再次出现了实现目标的可能。如今，多亏了克劳迪奥·盖伊这位有才能的人出现，以及在1829年的斗争之后，以迭戈·波塔莱斯（Diego Portales）为首的保守派取得权力而由此诞生了一个能够支持克劳迪奥·盖伊的政府。盖伊宏大的科学工程在19世纪逐渐完成，对国家的构建、主权的行使和经济的发展做出了无法估量的贡献。

公民爱国教育

在独立时期，当权者使用了各种各样的手段宣传美洲分裂主义的政治主张。如小册子、宣传单、演讲、口号、标语、布告、诗歌、民谣、字谜、汇报、新闻报道等等，都对新公民的政治教育起到了重要作用。

从这些印刷物传播的文字中诞生了一股新的政治力量,这股新力量在新政府的巩固和公共舆论中扮演的角色十分活跃,努力宣扬独立革命时就开始践行的政治原则。

于是大政治家成了写手,而优秀的写手也成了政治家。政治家需要最大限度地利用媒体宣传,而写手们则用他们的笔头为爱国运动服务。

从1810年起,印刷物起到了向公众传播独立革命思想的作用,例如告诉人们为什么要革命,什么是个体主权,介绍各种类型的政府,传播启蒙运动中的哲学思想,讨论教育、文化等正在经历革命危机的西班牙语美洲国家会感兴趣的政治话题。

这些文本成了所谓的通信工程中的一部分,也是巩固分离主义运动、西班牙语美洲共和国和巴西君主立宪制不可或缺的手段。印刷物推动了独立进程和共和国的建立,它以书面的形式回应了与分离主义运动一起诞生的政权需求。印刷物的文字成为新政治活动的一部分,对于共和国组织的主角来说,没有书面的文化就没有民族的自由。

这些文字传递了共和国的组织者们所想象的社群组成方式。通过这些文字可以推断他们想要赋予这些文字的内涵以及他们试图传播的政治理想和全新的文化。

印刷物也表明了书面文化在现代美洲公共空间的形成中所起

到的作用，它们构成了共和国现代性中最关键的新特质：打破了殖民时期存在的统治者对书面文字的控制，出现了公众提出批判性讨论的空间。

作者们提笔畅谈关于文明与进步、美洲古国文化、美洲风光与财富的话题，一切都离不开解放运动中诞生的新政治家提出的自由观念。当时某些印刷物的文字塑造了一些新政治角色和政治主体的诞生，其中大部分延续至今，成为时代永久的遗产，其中最具说明性的就是爱国主义精神。

这些文字以提问与回答的形式在福音传播中向民众解释各种政治概念，因其具备的教育性和规模性，成了向社会传达共和国政治思想与观念的重要工具，因此，在1810年到1827年间，智利、新格拉纳达、布宜诺斯艾利斯、巴西和墨西哥的出版物中能见到很多这样的文字。

1811年，在美洲南部的布宜诺斯艾利斯印制了首部《新晋爱国主义者公共问答手册》，目的在于消除民众对建立新体制的恐惧。1811年9月，在智利政府的统治下，"爱国者何塞"撰写了《基督政治问答》，作者用笔名隐藏了自己的身份。

1814年，智利还开始传播《爱国、基督、政治警醒问答》，这部作品在布宜诺斯艾利斯完成，主要针对萨尔塔省（阿根廷）的平民和志愿民兵，旨在让他们了解南美洲"光复其主权、帝国、独立、统治、自由与权利"的"圣神动因",作者还建议将一些公共法律原则放在一起宣传。

1814年,神父胡安·费尔南德斯·德·索托马约尔(Juan Fernández de Sotomayor)在新格拉纳达出版了《公共指引问答》,不仅否认了西班牙政府在美洲的功绩,还批判了皇室在新大陆的所作所为。

1821年,墨西哥也出现了该地区的首部爱国主义问答册。墨西哥独立完成以后,作家路易斯·德·门迪萨巴尔(Luis de Mendizábal)以卢多维科·德·拉托·蒙德(Ludovico de Lato Monte)为笔名编写出版了《独立问答》,解释了诸如墨西哥独立、自由、政府形式、宗教权利捍卫以及加强国家统一的必要性等问题。

同样是在1821年,巴西巴伊亚州的萨尔瓦多市也出现了两部问答册,分别在3月和5月由公民周刊出版社出版,两部作品向公众解说了君主立宪制的原则,作品都积极论证了"公共教育是国家幸福的基础""仅仅拥有一部明智的宪法是不够的"和"必须有适时的教育让人接受"的观点。

随着独立进程的大步推进,大量的公民-政治问答册出版,有的地区这些行为达到了高潮,向公民传播了支持新共和政府的思想与制度,解释了现行的宪法规则和独立带来的政治局势。其中值得一提的有反映墨西哥发展特点的《墨西哥联合人民共和政府要素问答》，这是该国首部共和主义问答册，1827年由M.N.瓦尔加斯（M.N. Vargas）出版。

随着这些问答册的传播，国家、民众、主权、共和国、人身自由和公民等随着独立出现的基本政治概念不断被赋予新的意义。通过这种方式，一种新的政治形势在书面教育中展现了出来。

诸如"爱国者""爱国社会""共和国政府""独立"和"自由民众"一类的术语说明问答册所传播的对象已经与1810年之前的殖民地定居者和奴隶有了很大的不同。除此之外，"共和国""国家""人民主权""议员""代表""公民""同胞""卫国士兵""公民社会"等术语都清楚地表明了不同于往常的新的政治角色正在以文字的方式传达给社会民众。

问答册对术语做了精确的定义，首先是"国家"的概念，"国家"的定义从殖民时期的"父辈的土地"转变成了"由共和国政府组织的独立联邦"，将一个古老的术语转变成一个新的政治概念。

与国家的概念息息相关，"人民"也在问答册中被赋予了新的定义，"人民"被视为全新的社会政治力量，其根本特质有具有选举权、是大多数群体。"人民"只有在构建国家、帝国或是共和国的时候才具有意义。

这些文字加形容词将"人民"的概念与以前的臣民区分开来,例如"自由的""爱国的""拥有主权的",标志着"人民"本身就是政治主体。

人民与主权的联系被以各种形式表达出来,因为人民是主权最重要的归属者,主权是人民本质的一部分,正是主权赋予了人民最基本的选举权,也借此让人们拥有了自由和爱国属性。

除了1821年的墨西哥爱国主义问答册和巴西问答册,所有的问答册都将"人民"与"共和国"的概念联系在了一起,这些作者的说法是共和国是最能保障人民主权的政府组织形式,不过巴西的君主立宪制度有同样的目标。

智利的《基督政治问答》对于美洲通过独立在这片土地建立起共和国制度所作的辩护十分具有说服力,据它所说,"民主共和政府是由人民选派的代表和议员来统治的",这是唯一能够保障"人民的尊严与威严"的方式,最接近全能的上帝所创造的初始平等。

对其作者而言,这类政府与君主专制或是贵族共和主义不同,最不容易陷入专横统治,也"最温和、最自由"绝对意义上"最能让理性的居民获得幸福"的政府,这也是独立后的国家想要达成的伟大目标之一。

–7–

保守秩序与强权统治

保守派的优势

保守派贵族的胜利奠定了智利共和国早期社会的现实基础：一个继承了殖民时代的社会与经济框架的国家。虽说在政治领域这个国家已经完成了从绝对主义的君主制向共和制的转型，但实际上智利依然遵循了贵族阶级占社会主导、其他阶级为其从属的社会结构。

贵族阶级是一个极具凝聚力的同质小群体，因为共同的政治、经济、社会和文化利益而聚集在一起，他们是社会财富与特权的主人。阶级成员主要是享有土地的大资产阶级，他们的资产来自采矿和商业活动。数量庞大的过着苦难生活的混血人种完全无知地受着他们的支配，他们并不了解国家经历的变化，除了加入某些游击队伍的人之外，没有在这些历史事件中起到过任何主导作用。对于底层民众来说，独立带来的自由与平等的概念是难以理解的，但也不是无法理解，因此，在一个没有政治修养且依然僵化的等级社会想要推行自由平等是非常困难的。

聪明、坚韧、积极、务实、正直、严谨、个人主义、并不具备伟大的智慧，智利的贵族阶级是维持社会秩序与稳定的一大元素、政府的合作者。他们保守且依附教会，指责自由主义的当权者在那个年代没有能力给国家带来安定与秩序。他们对权力的真空表示不满，认为这是推行与国家社会现实极不相符的理论与原则的结果。

保守派的贵族们根据他们在统治庄园中学到的经验，指责他们的对手是梦想家、缺乏实践标准、没有认识到这个社会还完全不具备行使自由共和制度的条件。他们认为必须要维持旧时的阶级系统，不仅是为了保障社会的秩序与安定也是为了保障他们的社会优势地位。

与自由主义者不同，贵族群体并没有考虑什么政治理论，而是直接施加强权，在他们看来，这是确保社会安定的唯一手段。迭戈·波塔莱斯根据实践和现实总结出，只有通过强硬的政权才能实现社会稳定，为经济发展提供基本条件，于是，贵族阶级在共和国的表象之下，重建了殖民社会的秩序。

贵族阶级一掌权就认识到颁布一部符合国家现实的宪法的必要性，他们立即组建了制宪委员会来编写新宪法。保守主义者马利亚诺·艾卡尼亚（Mariano Egaña）与更倾向于自由主义的何塞·马努埃尔·甘达利亚（José Manuel Gandarillas）在新宪章的起草中起到了重要的作用。1833年的宪章的主要特点是保守、总统专制与强权，满足了传统权力者的需求。

总统的专制与强权是因为宪法赋予了总统大量重要的权力，让他成为共和国最高权力拥有者。其中最重要的权力就是可以连任，因此一位总统的任期可达10年，总统在执政期间不需要向任何人汇报或解释自己的行为，他可以反对一切国会提出的法案，任命法官并监督他的工作，并能在与国会达成一致后行使赦免权。

除此之外，就像今天一样，19世纪的国家行政管理分区与区域政权的行使在政治和经济上都十分依赖以共和国总统为首的中央权力。

这个国家的法律、内部制度、民事责任、选举制度和市政都进一步地巩固了当权者的权力，在这个环境中，自由表达人民主权的概念还没有出现。大约在19世纪的上半叶，只有善良公正的基督王子在君主观念中留存了下来，因为他只对上帝负责，受人民无条件的拥护。

圣地亚哥集中了公共行政权和武装权力，是当时的司法和政治中心，而共和国的总统拥有广泛的正式和非正式权力。除此之外，总统拥有的"戒严"与"特殊权利"更是扩大了他的特权范围，体现了总统对国家动态的绝对掌控。

1833年的政治体系中，共和国总统的至高权力甚至超越宪法所赋予的权力，任何人没有总统的同意不能成为国会成员。归根结底，所有的地方权力都屈从于总统，因为总统掌控了地方官员的选举权。也就是说，即将卸任的总统可以决定谁将成为他在拉莫内达宫的接班人，这正是1891年所发生的历史。

1833年宪法的本质是贵族保守派的，因为它旨在维护既定秩序，创建一种固定制度来奠定贵族阶级的主导地位。不管是做一个积极的公民（行使投票权）还是成为国会议员都必须具备大多数人没有的经济实力。为了将当前的制度永久地维持下去，改革宪法的机制几乎没有可能实现，这也是典型的保守主义特征。

至于隶属于总统权力之下的国会，1833年的制宪者则规定该机构需要每年通过所谓"周期性律法"的审核：包括对国家预算的制定、税收使用的授权和武装力量的集结。如果没有经过这些律法的审核，总统无法行使权力，也就是说，立法机关在理论上是凌驾于执法者之上的。但在19世纪结束以后，国会才逐渐行使其通过"周期性律法"授予的权力。

总之，1833年的宪法将保守派的主导地位合法化，在这个国家建立起了总统中央强权的政治体系，在等级分明的社会背景下，秩序高于一切社会价值。

除了法律法规之外，那个时代共和国的总统也与国家的安定与秩序息息相关，总统代表了国家的最高权力，有的权力痕迹甚至维持到了今天。我们用总统曼努埃尔·蒙特于1853年在智利南部的官方访问举一个例子。总统的出访在圣地亚哥社会造成了恐慌与批判等一系列反应，因为人们对于最高权力者的出访而感到不适应。1853年1月31日的《发展报》回应了"总统的离开让我们不得不停工，甚至可能牺牲我们的安宁"的谣言。虽然是杞人忧天，但反映出了社会对总统形象的依赖心态，将社会的安定与总统的存在联系在一起。

总统的外出在新闻界激起的疑虑与担心是可以解释的，因为总统不仅是管理国家的公民，也被看作是实现成就、取得物质与道德进步的期望。如同基本宪章第81条所述，总统是国家最高领导人，只要是"为了维护公共秩序和国内外安全、捍卫宪法与法律的效力"总统所行使的权力可以企及一切范围。另外，对于这个国家的大部分人而言，秩序、稳定与安全是非常重要的，大家都推崇一个绝对的权力代表。

贵族出生的迭戈·波塔莱斯是保守派的伟大领导人，他早年做过不少生意,却大多以失败告终,于是移居秘鲁寻找新的发展机会,却在秘鲁饱受独立造成的政治混乱的困扰。19世纪20年代初,他回到智利以后,再次受到政治不稳定的打击。建立稳定的社会秩序以确保他的生意顺利开展的需求促使他迈入了政治圈。

并不了解政治理论的波塔莱斯只是凭自己的经验和对现实的认识认为只有一个具有广泛权力的强大权威者才能维持社会的稳定与秩序。他的想法恰好与贵族阶级的野心相一致,波塔莱斯凭借自己的能力集结调动了各方力量,打败了自由派。

取得胜利以后,波塔莱斯在1830年被任命为国务大臣,他一上位就以专横的个人主义风格行使权力。波塔莱斯的功绩之一就是将古老的思想再次加盖给人民,即在智利人民心中根深蒂固的服从思想。

波塔莱斯自1831年开始担任华金·普列托(Joaquín Prieto)总统的国务大臣时起,就对自由派和他的反对者采取了严酷的对抗政策,坚持整顿秩序,不管法律是否凌驾于他的权力之上。波塔莱斯凭借自己鲜明的个性与卓越的智慧,一直掌控着这个国家的政治舞台直至去世(1837年),对总统的意志产生了决定性的影响。他的严肃、易怒与刻薄让他习惯了在发号施令时没有人敢提出异议,只有一些自由党人会定期制造一些赶他下台的骚乱。厌烦了这些骚乱的波塔莱斯决定树立一个权威的典范。1837年,波塔莱斯被授予了特殊权力，判处了一群企图扰乱秩序的公民。几个月后，1837年6月，波塔莱斯被杀害，死于反对他专制的军方力量的阴谋。

尽管政府努力尝试了，这个国家在1837年还是没有完全实现政治稳定，更不用说内战后的民族团结。于是政府明显改变了政策：允许流放的自由党人回国，重新雇佣被波塔莱斯贬职的军官，颁布了一部赦免法赦免政治犯，并取消了"特殊权力"。

智利被一种全新的氛围充斥着，四处能感受到新政策带来的轻松愉悦：以前相互为敌的各政府部门现在和气一团；社会开始朝着和平与团结的道路前进；总统重新获得尊重；国会开始行使权力，法院主张正义，新闻再次自由起来。

在迭戈·波塔莱斯被谋杀之前，他让政府警惕玻利维亚元帅安德烈斯·德·圣克鲁斯（Andrés de Santa Cruz）组建的秘鲁-玻利维亚联邦可能带来的危险。智利政府被说服，认识到国家的独立受到了玻利维亚元帅的扩张主义主张的威胁，要求解散联邦，却未果，1837年1月向对方宣战。

圣克鲁斯的直接威胁及一系列其他因素导致了冲突：秘鲁与智利在南太平洋的贸易控制权的竞争；秘鲁未归还智利在独立时期向其提供的贷款；在圣克鲁斯的庇护下，两艘由拉蒙·弗莱雷带领的船只驶向智利，旨在推翻普列托与波塔莱斯政府。

1841年的总统选举就是在这样的背景下展开的，在选举中获胜的是曼努埃尔·布尔内斯（Manuel Bulnes）将军，他的支持度高是因为他在对抗秘鲁-玻利维亚联邦的战争中取得了胜利。

　　上台后的布尔内斯继续实施波塔莱斯去世后的和解政策。在他的第一个任期期间，国际环境确实十分安宁，经济文化取得了显著的进步。然而，到了1846年，平静的政治局面发生了变化，因为随着自由主义思想的发展，公众游行和骚乱又开始浮出水面。政府不得不强行维持秩序，但这并不意味着将宪法置之不理。

　　社会开始出现组团的倾向，诞生了一些政治团体，这些团体就是政党的前身。曾经受迫害和被边缘化的自由主义派们组成了"改革俱乐部"和"平等团"，1849年，这两个团体发展成了自由党。而保守派则建立了"秩序团"，团体的名字即是他们的目标。

　　为了阻止自由主义的滋长，防范自由主义可能带来的混乱，保守派推选了曼努埃尔·蒙特（Manuel Montt）作为共和国总统的候选人，他是众所周知的总统专制的维护者。自由派则推选了来自康塞普西翁的何塞·玛丽亚·德·拉克鲁兹将军为候选人，就这样，共和国组建时期发生的军事要塞与首都之争又被重新点燃，上一次还是圣地亚哥胜出。

　　蒙特的当选意味着总统再次回归强权主义，不过这次是在宪法和法律的框架之下。对于蒙特来说，秩序是一切的根本，因此每一项变革都应当遵循宪法进行。但宪法并不利于自由主义化的政治演变，政府压力越来越大，不得不再次使用"特殊权力"和"非常时期手段"才能整顿秩序。蒙特政府始于1851年的一场革命，而自由派不接受他们的候选人的失败，在1859年掀起了另一场革命，表明即便国家处于强权控制之下，社会为自由而战的决心仍十分坚定，仍有人想要撼动总统的强权、巩固国会的权力、保障公众集会等基本权利。

在蒙特当权的十年中，出现了一些新的政党，如保守党，他们是秩序的捍卫者，支持教会独立、不受国家管控；以及国家党，他们主张专制、在经济问题上十分激进，坚持国家对教会的控制权。

智利，从自然秩序到强权秩序

坐落在美洲的西南端，智利的社会发展被它的地理位置和自然条件打上了标签，共和国的建立也深受其限制。

自然条件对智利组织机构的影响表现在这个国家将秩序与稳定看得比自由更重要，甚至建立了专横的制度维护秩序，共和国的理念也暂时被抛在一边。我们认为，智利共和国现存的专制秩序其实也是该地区自然秩序的延伸。

"美洲是一片受大自然垂爱的土地"的说法起源于它的实际需求。从佩德罗·德·瓦尔迪维亚将这片土地形容成为"辽阔、无瑕""上帝创造这片土地就是为了将万物握在一只手中"开始,对这片土地的称赞就一直延绵不绝,成了整个19世纪的主旋律。

从共和国的起源来看,国徽不仅表达了统一共和国的使命,还代表了智利的自然特征和其极端的地理位置。国旗上的白蓝条纹分别象征着安第斯山脉的积雪和智利的天空,而所谓的"唯一的星星"不仅是要提醒人们智利共和国是个统一体,也意味着"我们的地理位置,处在地球已知世界的最南端"。

1847年的国歌中清楚地反映了这个国家独一无二的自然特点,其中大部分的歌词都用来描述智利的自然现实和歌颂自由主义者的使命。这个国家的岛屿、山脉、光荣与命运都被唱进了国歌的旋律之中:"智利,你的天空一片蔚蓝,纯洁的风吹拂着地面。你的百花开放的田野,是繁荣幸福的伊甸园。你的雪白的崇山巍峨,它是上帝所赐的壁垒。大海是你的安静的浴池,它预言着你的未来的光辉。"

在此基础上,歌词也歌颂了智利人民不畏现实条件阻碍,追求自由的决心。国歌的大合唱部分十分有感染力:"最最亲爱的祖国,请接受,智利儿女的庄严宣誓:生活在没有压迫的地方,否则就为了自由而死。"

毋庸置疑的是，歌中的"伊甸园"不仅是有关这片土地的地理特点的比喻，也影射了这是一个自由和法律盛行的政治空间，一个真正没有压迫的庇护所。

在独立初期，爱国者们就已经表现出了智利的自然条件在这个国家的政治组织中的投射。卡米洛·恩里克斯在1811年宣布国会选举的公告中就曾提到，"我们眼中的地理现实让智利的情况显而易见"，还声称这片"广阔土地"的自由与主权不能被剥夺，因为这片土地拥有"独自生存"的一切必要的条件。他还补充说，甚至连智利的独立也受地理条件的影响，这个国家处在封闭的围墙之内，并且被常年覆盖着积雪的高山、广袤的沙漠和辽阔的太平洋与其他国家隔绝开来。

在1825年为纪念查卡布科战役（1817年标志着西班牙统治结束的战役）而作的诗中，描述了智利当时的命运，以及地理条件怎样赋予了这个国家如此的命运："今天的智利已不复昨日，迈入了它当走之路，独立、自由，这是自然赋予它的命运。"

随着共和国生活的推进，一个被反复提到的话题就是将智利构建成一个稳定的国家，一个法律与秩序先行又充满自由的国家。自然学家克劳迪奥·盖伊早在他的史书中表达过这样的愿景。正如他写的一段让智利读者感到鼓舞与自豪的陈述："我能从最早在这片土地上生活的人民身上的无畏与坚韧之中看到他们想要组建一个大家庭、一个完美运作的国家的决心,以及组建一个自立、文明、值得尊重且受人尊重的社会国家的崇高野心。"

这一思想主要是由共和国早期来智利访问或定居的外国人提出且传播的。例如多明戈·福斯蒂诺·萨米恩托(Domingo Faustino Sarmiento)在1842年5月4日的《水星报》(El Mercurio)称:"虽然秘鲁已被敌人包围,阿根廷共和国被用自己的手掏出了内脏,但智利是福佑之地,接受天堂的福祉就好比雨点一样!内部稳定、实行宪政、管理者脚踏实地不断进步,还要求什么呢?"

秩序、和平与自由代表了源自自然的愿望,不过也是独立后国家组建时期的痛苦经历催生的愿望。不断的动乱和其他美洲独立国家戏剧性的现实让人开始宣扬秩序与稳定才是智利共和国的根本,这两个因素甚至超越了自由,不过对于占据主导地位的精英阶层来说,他们的自由无论如何都是受到共和国制度保障的。

在智利,从将自由视为基本保障演变到将秩序作为最高需求并没有经历太长的时间。实际上,早在1810年9月18日共和国诞生时,第一届洪达政府的成立文书中就明确了"政府与国家代表的首要目标是维护国家的秩序和公共的安宁",后来因为西班牙消息的不确定性严重扰乱了智利社会,洪达政府决心聚集民众的力量"为国家和公众的安宁建立最好的防御"。

总统传递的信息中反映出了对社会与政治稳定的评价。在

1842年与1843年期间，当社会秩序似乎已经完全稳定下来时，曼努埃尔·布尔内斯总结了智利的形势，指出智利是幸运的："没有任何事情扰乱了我们这个幸运国度的平静"，以及"共和国不受干扰地持续享有和平"，然后立即表达了对"能拥有持续进步与繁荣"的感恩之情。

在19世纪60年代，向国家提交的报告都会以"共和国继续在繁荣与进步的道路上稳步向前"这类句子开头，可见执掌权利的精英们在政府中的主要活动就是让智利在自然趋势的推动下发展，正如1864年何塞·华金·佩雷斯（José Joaquín Pérez）在他的公文格式中表达的"共和国自然地持续繁荣进步。"

政治稳定和宪政秩序不仅被统治阶级视为国家发展的必要条件，在19世纪拉丁美洲的大背景下，这也是智利区别于其他美洲地区共和国的唯一特征。

然而，智利社会付出了什么样的代价才获取了在拉丁美洲大环境中的特殊地位？毫无疑问答案是强权主义，表现为对"无政府主义者"、"公共安宁的破坏者"、阴谋者、唱反对论调的媒体，甚至有破坏倾向的剧院进行武力镇压。19世纪留下了大量武力镇压的证据，如暴力闯入民宅、任意监禁、不符合程序的审查、没收财产、酷刑、流放和枪毙，都成了共和国政治文化的一部分。

如果说智利在1830年到1861年间向不少外国人提供过庇护，那么同年间它也逮捕或流放了不少独立战争中的英雄和捍卫自由主义的代表人物。因此，智利的特殊性还包括它是拉丁美洲第一个宪法允许"戒严状态"的国家，也是第一个在各省级部门常设战争委员会的国家。正如之前所说的，直至1861年，许多改革者和自由派人士都在智利的压迫下找不到容身之处，不得不流亡海外。

独立与自由确立以后，用强权制度稳固社会也成为现实需求，当权者们四处为他们的行为寻找论证，其中就包括"是自然秩序让智利成为充满机遇的应许之地"，因此统治者们有责任与义务确保社会与政治的稳定，这既是对自然秩序的必要补充，也是国家与共和制度发展的基本要求。

用自然资源与秩序来影射也是使强权制度合法化的方式之一，这样就可以将强权解释为自然秩序的人文延伸，因此不管是秩序还是将它建立起来的政治主导都是不可改变的。我们也能将强权主义与智利殖民地的物质脆弱性联系起来。或者说将智利共和国的客观条件与秘鲁和阿根廷相比，在人口和资源方面都是不如这两个国家的，智利只能靠制度和稳定来弥补这些方面的弱势。

基于这些原因，强权秩序成为新国家存在的条件，以最有效的方式应对自然的孤绝所带来的挑战和数不胜数的麻烦，通过与更强大的国家的竞争，来保护智利的领土完整和这个国家在拉丁美洲的国际地位。

1834年，智利马驼鹿因为是"我们的山脉中最奇异的四足动物"而被印在国徽上，毫不意外地也暗含了这个国家的自然现实与历史制度演变之间的密切联系。

据自然学家克劳迪奥·盖伊称，直到1833年政府才确定了这种"稀有而美丽的物种"的存在。同年间宪法的颁布使这个国家的共和国组织成型，诞生了美洲土地上一个独创政治体。

盖伊所著的《智利自然与政治历史》一书中介绍动物的部分记载，智利马驼鹿是"只在山脉中陡峭崎岖的地方出现"的动物，"因为天然的害羞和胆怯连最微不足道的危险都会飞速躲避"，它们很少被人看到。书中有一页展示了智利马驼鹿的形象，并补充说智利马驼鹿已经和美洲大秃鹰一起被设计在了智利的国徽上，不过它在国徽上的形象并不是基于它的自然特征，而是基于莫利纳所给出的描述，也就是说"被夸大、神化后的一匹马的形象"。

这种动物几乎完美地象征了这个在南美连绵的山脉角落中建立起的政权，它所建立的专制制度很难再将它认定为共和国，而由于制度建立者的恐惧，最小的社会运动都会被视作威胁，然后很快"被消失"。政府的民主性逐渐被稀释，演化出以专制主义为根本的政体，却还披着共和国的外衣。

19世纪中叶，当智利共和国组织已经有了成熟的发展时，敏锐的国家状况观察者阿尔贝托·布莱斯特·加纳（Alberto Blest Gana）在1859年8月6日的《星期报》上用了一个这样的比喻来形容智利的制度现实："共和国就像我们国徽上的马驼鹿一样，从来没有人见过，它的真实性也让人质疑。"他用国徽上的胆小动物概括出了智利政治制度的特点，也反映了这个国家的社会状况。

达尔文在智利：地质奇观与社会反差

查尔斯·达尔文在（Charles Darwin）其1831年到1836年间的比格尔之旅见闻的日记中，留下了不少关于智利自然与社会的震撼记录，以及在智利的见闻对他作为自然学家的学术研究带来影响。在火地岛目睹的赤裸裸的野蛮人，不仅是如他所记录的"永远无法忘记的经历"，也让达尔文开始思考"野蛮人与文明人"相关的问题，进而开始思考物种的进化，以及人类的进化。他在对美洲最南端的居民做总结时说："自然造就了这里的居民无所不能的生活能力，并影响了一代又一代，让火地岛人完全适应了当地的气候和这个穷苦国度可怜的产出物。"

达尔文在南太平洋看见安第斯山时的第一印象是"这些庞然

大物上覆盖的积雪好像永远都不会融化，似乎注定要与这个世界一起长存，呈现出一幅宏伟的奇观，山脉的轮廓清晰可见"。在见了瓦尔帕莱索后他写下："这些轮廓清晰的山头与蓝天相映衬的美丽画面让人惊叹。"除了安第斯山脉的雄伟之外，让达尔文印象深刻的还有这片土地"独特罕见的地质特征"。"想一想将这些大山抬起所需的力量，以及将这些庞然大物打碎、转移和平整所需要的漫长世纪，谁能不肃然起敬？"达尔文大胆地将陆地的抬起与火山运动引起的地震联系在了一起，在智利度过了数月之后，达尔文在1834年11月写给妹妹的信中遗憾地表达道："我不太走运，只经历了几场小地震。"

不过，大自然还是为他保留了"叹为观止的奇观"，1835年1月，奇洛埃岛火山喷发，不久后的2月20日，他记载道："今天是一个值得纪念的日子，我经历了在这里感受过的最猛烈的一次地震。"达尔文在智利经历的自然事件让他写下了非常有价值的文章《论南美洲火山现象与形成山脉、抬高陆地的力量之间的联系》，这就是我们后来所知道的板块构造说的前身，达尔文也开始反思一些对他后来理论产生深远影响的问题。他在日记中写道："地震的一瞬间会把人们脑中最根深蒂固的想法都改变掉，被我们踩在脚下的土地一直是坚实的象征，在这一刻却像蛋壳一样脆弱，短短几秒的时间足以唤醒心中的不安全感，激发长时间的思考。"

"独特罕见的地质特征和惊艳的自然风光"弥补了其他现实中的不足，例如对国家资源的利用不当以及因为"金钱贵族的存在"而凸显"明显等级差异"，也就是所谓的"不平等感"。达尔文在描述"大庄园主"的生活时这样写道："我相信如此巨大的财富差异在安第斯山脉以东的国家是不存在的。"达尔文还谴责了智利当地农民，说他们"总期待着用自己对客人的热情款待换取点什么"，而"高乔人（阿根廷农民）却是绅士，或许也是土匪，不过相比之下智利农民就是普通而粗俗的人"。他称赞了这个民族的"狡黠"，但也不忘提及人民的无知，特别是精英阶层的无知。这个国家工业匮乏，只有可悲的采矿业，他描述了矿工们糟糕的工作环境，不过也说了"封建体系下的农业劳作者的工作条件更糟糕"。达尔文记录下了一位小庄园东道主的话："跟别的国家比起来，我们就显得卑微得多，有的人用一双眼睛观察，有的人用一只眼睛观察，而我认为在智利人们都不用眼睛。"不过达尔文还是肯定了"这是南美洲唯一一个不需要带着武器旅行的国家"。

最后，达尔文非常敏锐地捕捉到了这个正在成型的国家最初给人的感觉，他将智利人民与潘帕斯的高乔人比较时写道："智利更加文明，所以这个国家的居民更多地失去了个体特征。"

-8-
基础资本化

工业原材料与粮食生产

在当时的情况下,独立意味着农田的摧毁和农业生产的瘫痪;战争带来的结果是贸易混乱和社会不稳定;独立也意味着对智利经济有着重要影响的秘鲁市场对其关闭;独立也是国家公债的起源,因为国家不得不靠借款来填补战争中的开销;独立后国家经济的一片混乱也造成了大量财富的流失;国内物价上涨、伴随一片哀鸣而来的是社会与政治的不稳定;独立后大量外国人被智利丰富的自然资源所吸引而来此定居,这个国家向全世界打开了贸易的大门。

大量的外国人为了开采自然资源寻求财富(尤其是矿产资

源）而汇集智利，对这个国家影响深远。共和国初期，大量来自欧洲的贸易代理人在智利扎根，充当起了联系这个国家与海外市场的中间人。他们的到来和他们带来的资本与技术成了推动智利国家经济发展的力量。

智利的独立意味着这个国家从殖民时期的封锁中跳了出来，卷入了当时世界经济的发展进程。工业革命带来的全世界对粮食与工业原材料的需求成了智利发展国家生产活动的刺激因素。智利以铜、小麦及其他产品供应者的姿态卷入了世界经济。

19世纪初期，欧洲世界正处于快速工业化时期，不仅对矿产材料的需求剧增，人口数量也爆发式增长，因此欧洲对粮食的需求亟待被满足。

洋买办的存在让智利的贸易活动量不断增长，这些贸易代理人来自欧洲不同的公司或商号，对这片土地的自然资源早做过调查以便后期的开发，他们是这片土地上最活跃的开发者。

这一时期政府的经济政策也促进了生产活动的发展，政府不顾经济理论，采取了一系列促进和保护国内生产的措施，制定了务实的政策以刺激国内生产者，为他们在国际竞争中保驾护航。

工业革命的需求意味着智利的铜、银、小麦、面粉的生产与出口增加。19世纪下半叶，依靠加入全球市场而获得的资源，智利完成了为实现经济扩张所需要的基础设施建设。

智利的基础资本化经历表现为购得第一批生产机器、开始建设灌溉工程和现代化的运输体系（如铁路和蒸汽轮船）。这一阶段实现了原始财富的积累，让国家拥有了后来用以投资的资本。

从复本位制向另一种货币体系的转变意味着智利经济的根本转变。新的货币体系不仅催生了银行的出现，从而刺激了商业活动，使经济充满活力，更重要的是，通过信贷来创造财富从此成了可能。

受独立战争影响最小的产业就是矿业，因此矿业成为经济复苏的支柱产业。多个因素造就了这一局面：自18世纪中叶到国家取得独立，采矿业已经有了长足的发展，出现了不少非常成熟的金矿、银矿和铜矿矿场；新的矿藏陆续被发现也极大地推动了矿业生产，如1811年发现的阿瓜阿马加（Agua Amarga）、1825年发现的阿尔奎罗斯（Arqueros）、1832年发现的查尼亚西奥（Chañarcillo）；诸如查尔斯·拉博特（Charles Lambert）和伊格纳西奥·多梅科（Ignacio Domeyko）等商人和学者所做的矿藏研究和前景分析为采矿工作提供了良好的知识储备，促进了矿藏的开发。大量看好智利矿产资源的外国商人在采矿业中投入了大量的资金、技术和现代化的机械设备，如反射炉的使用降低了生产成本，提高了利润空间，加大了采矿对投资者的利润诱惑。

欧洲市场对工业原材料的需求让煤矿与铜矿的发展成为可

能，而世界市场需要贵重金属作为支付手段刺激了银矿的发展，采矿活动发展的黄金时期开始了，查尼亚西奥的银矿在19世纪上半叶的生产中占据了重要地位。

铜矿的开采增长显著。其中最主要的一条矿脉是1849年发现的塔玛雅（Tamaya），这条矿脉经过20年的找寻才被发现，给它的投资者带来了巨大的财富。极具创业精神的何塞·托马斯·乌尔门内塔（José Tomás Urmeneta）不仅采矿，还修建了一条连接矿场与东科伊港（Tongoy）的铁路，在瓜亚干（Guayacán）建造了一间冶炼厂，将港口打造成一个运输铜的出口港。

先进的技术在智利经济史上发挥了重要的作用，将反射炉带入铜的冶炼就是一个极好的例子。智利从19世纪初期就以铜生产闻名，但这时候生产的铜还只是实验阶段的结果，既没有技术把关也没有经济指标。矿井中胡乱的操作、对铜矿知识的缺乏、效率低下且成本高昂的熔铸方法都阻碍了铜矿生产活动的发展。

一直以来阻碍商人投资铜矿的原因之一就是缺乏能够高效整体提炼铜的熔炉，矿石在冶炼过程中消耗极大。拥有砖结构和加宽拱顶的反射炉的引入极大地提高了铜矿的产量，具有重要的影响，这意味着欧洲的采矿技术进入智利矿场，铜矿带来的巨大收益前景也激励了新矿床的探寻。

新熔炉对燃料的需求也推动了煤矿的开采，位于阿劳科海湾的煤矿从19世纪40年代开始被开采。

在农村,殖民时期农业的一个基本特征是缺乏发展的激励因素。农产品唯一的购买力就只有秘鲁,远远不足以推动农业的实质性发展。农耕地受限、种植技术原始、生产力低下都是市场不足导致的结果。

到了独立战争时期,由于与智利农产品主要流向市场——秘鲁的交通中断,情况变得更加严重。农田被战争摧毁、牲畜被征用、劳动力被征入伍,总之,农业遭受的损失远大于其他生产活动,糟糕的局面一直没有得到好转。

直到19世纪中叶,农业的形势才开始改变,受加利福尼亚和澳大利亚淘金热的影响,智利的农产品找到了销售市场。而智利正好处在船只驶向加利福尼亚和澳大利亚的航线上,也让这个国家的农产品更容易流入这两个区域。

加利福尼亚与澳大利亚虽然只是一个暂时的市场,但也刺激了智利农业开始转变:为了产出更多的小麦,耕地被扩大;为了产出品质更高的产品,开始投入资本;产品多样化也成为可能;最早的水坝和灌溉渠道也建立了起来;一些现代农业工具被纳入使用,农业劳作开始半机械化进程。

农业的发展也体现在促进农业生产的机构开始诞生。1838年智利农业协会成立,不久后又建立了为培育新物种提供实验田地的农业研究庄园（Quinta Normal de Agricultura），这些都体现了国家和商人对农业的重视。

随着生产活动的发展，国家开始有余力发展交通运输，首要发展的就是铁路建设。科皮亚波几位富有的矿主委托威廉·莱特赖特（Guillermo Wheelwright）修建了一条连接科皮亚波与卡尔德拉（Caldera）的铁路，该段铁路于1851年建成，全长81公里。

1856年，一个由国家参与的有限公司开始了南部的铁路建设，19世纪50年代末期工程结束时南部的铁路已经建到了雷基诺阿（Requinoa）。蒸汽轮船是另一项进入这个国家的新技术。蒸汽机带来的巨大进步不仅极大地改进了运输工具，也催生了罗塔（Lota）煤矿的发现，煤炭不仅是燃料，从19世纪中期开始也用来生产照明用的煤气。

这个国家在19世纪取得的大多数进步都得益于一些企业家的不懈坚持。其中就包括美国人威廉·莱特赖特，他在1829年定居智利，于1835年取得授权在这个国家建立太平洋蒸汽轮船公司，第一艘蒸汽轮船于1840年到达智利。轮船的项目实现以后，他在1842年构思了建设圣地亚哥与瓦尔帕莱索之间铁路的项目，该项目于1852年启动。

威廉·莱特赖特还积极地推动了首都与港口之间的电报设备安装，创建了科皮亚波燃机照明公司，1851年参与组建了智利第一个消防队。莱特赖特还是第一个将智利煤炭用作燃料的人,推翻了达尔文提出的"智利的煤不能用于蒸汽机"的说法。

社会与文化发展

国家经济的转型所产生的社会影响也开始显现,从短期来看,社会阶级开始朝着动态演变,与僵化、等级森严、循规蹈矩的殖民社会相比,呈现出了截然相反的特点,构成共和国社会的各阶层充满了活力,永远质疑的态度和不满足的野心驱使着所有人朝着社会阶梯高处攀登。

随着采矿业、农业和商业活动的发展,资产阶级群体开始发展壮大。银矿、铜矿和煤矿的矿主们靠他们的探索带来的财富跻身资产阶级,社会地位得到提高,开始与传统的贵族阶级融合。

另外一些群体的社会画像也在这一时期清晰起来:中产阶级是国家发展教育、扩大公职人员和贸易扩张的产物;而北部和中部的矿工、铁路工人、码头工人和城市里的工人们则组成了无产阶级,他们只能靠劳动换取的微薄工资勉强维持人口繁多的家庭。

共和国组建阶段结束后,相对的政治安宁加上国家经济蒸蒸日上的发展,让智利的文化与教育从1841年开始得到了大力发展。从小学、中学到大学的全面教育体系开始组建,其中包括师范与专业学校。对国家土地、历史和文化的科学研究也备受鼓励。第一批国家文学也在这时候崭露头角，其中最值得一提的要数历史作品，科学机构、艺术机构也纷纷成立，如国家历史博物馆和美术学院。

1837年，智利公共教育部成立，清楚地表明了政府对振兴国家教育的决心。1843年，政府颁布了规范公共教育的"初等教育法规"，并建立了大批学校，如在伊格纳西奥·多梅克的指导下建立的教授采矿工程学的科金博矿业学院（1838年）；培养可供发展初级教育的专业教师的师范学院（1842年）；由意大利人亚历杭德罗·西卡雷利（Alejandro Cicarelli）担任第一任校长的美术学院（1849年）；以及为国家经济发展培养合格工人的工艺美术学院（1849年）。

随着教育机构的纷纷成立，国家初等教育和中等教育体系基本形成。许多城市都建立起小学与中学，1860年，政府颁布新的"初等教育法规"，宣布向国民提供免费的基础义务教育。据公共教育部统计，1854年全国共有303所国立小学，96所市政小学和299所私立小学，学生总人数达到了23675人。

1842年，随着智利大学的建立，智利初等、中等和职业技术教育全部完成部署。智利大学的落成典礼于1843年举行，但在成立的最初几年它只具备学术性质，直到1866年智利大学拥有自己的场所之前，大学的教学研究工作都是在智利国立中学进行的。

大学成立之初设立了五个学院：哲学与人文学院、法律与政治学院、数学与物理学院、医学院和神学院。由校长、秘书、各学院院长和两位共和国总统的代表组成的理事会管理学校。这所新机构也承担了国家和社会文化教育的职能，成了艺术、科学与文学的保护者，它还制定了一条规定，要求每年大学中必须有一位成员完成一部研究国家历史的作品，这一规定极大地推动了史学的发展。

从自然科学家克劳迪奥·盖伊在1865年1月写给法国科学院的一份名为《智利公共教育》的报告中，我们能看出智利在19世纪中期取得的教育进步。这位学者在1828年来到智利，因此他知道那时候智利公共教育的落后状态，盖伊赞扬了智利在教育方面取得的进步，并将其归功于"这个国家认识到了教育是繁荣未来的基础"。

据盖伊称，19世纪20年代后期"教育机构已经得到了一些改进"，到了19世纪30年代"教育机构建设变得更加重要"，但"只有在布尔内斯政府统治时期才取得突飞猛进的发展，公立学校达到了很高的水平"。

盖伊的报告还论述了自从19世纪50年代以来"学校的构建越来越好，每个省都有了自己的学校，小学数量的增加，让每个人都有入学机会，甚至还在美国之前建立起了第一所师范学校，首先是师范女校然后是师范男校"。正如师范学校的第一任校长多明戈·福斯蒂诺·萨米恩托（Domingo Faustino Sarmiento）指出的："师范学院是培养教师的中心机构，除此之外还研究学习方法，为改进教育推行必要的改革与实践。"这说明对于当权者来说，对未来教师的培养已经成为规划公共教育系统的关键任务。恰好学校的另一位领导人安东尼奥·瓦拉斯（Antonio Varas）也说过："教师的质量永远决定了学校的质量。"

盖伊的报告中提到1864年智利全国有938所小学，不过他也犀利地指出"不幸的是智利的社会状况让这些学校并不能尽其所用，民众入学的热情远抵不上政府创建学校的热情"，农村地区的人口分散是造成这种情况的原因之一。因此，入学人数只有47777人，不管怎么样，学者认为这个数字"对于拥有1700万人口、预算并不充裕的国家来说是举足轻重的"。这是国家在教育方面的努力成果，1854年人口普查的科学数据显示："智利平均每4.55人就有1人可以阅读，平均每5.95人就有1人会写字。"这是对男性调查的数据，而女性调查的结果是每8.28人中有1人会阅读，每10.95人中有1人会写字。

自19世纪中叶以来，支持智利免费公共初级教育的资金主要来自国家。所以该类型教育规模的扩大与财政收入的增加有着直接的关系。19世纪50年代，国家预算的3.6%划分给了公共教育，十年之后这个比例上升到了9.3%。19世纪50年代时，投入公共教育的资金总额的34.3%用在了小学的建设，到了60年代这个比例上升到47.3%。

当时的文化表达受到了来自欧洲的自由主义和浪漫主义潮流的影响，而从欧洲、北美来到智利的学者与艺术家们是贡献这个国家19世纪文化进步的基本因素，他们有的受政府雇佣，有的为了寻求政治庇护，而来到这个国家定居。

在来到智利的欧洲人中，不少人在教育、艺术和科学领域贡献突出，如法国自然学家、30卷的《智利自然与政治历史》作者克劳迪奥·盖伊；智利大学医学院第一任院长法国医生劳伦索·塞瑟（Lorenzo Sazié）；用画布记录智利历史、社会、风景和重要人物的巴伐利亚画家毛利西奥·卢根达斯（Mauricio Rugendas）；培养了一代学生且有大量作品的德国裔自然学家多鲁尔福·菲利普（Rodulfo Philippi）；政府雇来的波兰籍矿物学教授伊格纳西奥·多梅科（Ignacio Domeyko）；被聘任为智利大学政治经济学教授兼国家财政部顾问的法国经济学家古斯塔沃·科内勒·塞纳伊（Gustavo Courcelle Seneuil）。

在从美洲其他国家来到智利的人中，阿根廷人是最为突出的群体。他们中的大多数在瓦尔帕莱索安定下来，担任报纸和杂志的写作工作，有的人则加入公共行政工作的行列。多明戈·福斯蒂诺·萨米恩托（Domingo Faustino Sarmiento）是阿根廷裔中影响力最大的一位，他一边做记者一边撰写文学作品，担任了师范学院的首任校长，后来还成了阿根廷总统。

在那个时代来到智利的外国人中，委内瑞拉人安德烈斯·贝洛（Andrés Bello）是最有影响力的人物之一。从1829年起的30年中，他在智利文化发展中扮演了重要角色。各个领域都有他的重要贡献：奠定智利外交政策的基础；起草《民法典》；担任国务委员兼参议员；官方报纸编辑；智利大学首任校长，他还是智利大学创始人，语法和逻辑手册的作者。

有了贝洛等来自欧洲和美洲其他地区的学者、艺术家，智利成为南美殖民地区第二大政府，南美洲的文化中心之一。最重要的是，开始展现出国家政治实体的轮廓。

自然学家记录的从殖民地到共和国的变迁

马拉斯皮纳远征队留下的大量美洲地图记录了这个地区从殖民地到共和国的变化。在大量具有代表性的美洲西部沿海地图中，最值得一提的是1803年水文计划局皇家海军官员何塞·德·埃斯皮诺萨（José de Espinoza）与菲利普·宝萨（Felipe

Bauzá）勘测绘制而成的"显示了从瓦尔帕莱索到布宜诺斯艾利斯道路的南美洲内部地形图"。这幅跨越了8个纬度和16个经度的地图清晰地表现了殖民时期这一地区的地理风貌，而这一风貌在1810年之后发生了剧烈的变化。

这幅地图显示了东西走向水平分布的多个区域组成的一片空间，展示了横跨大西洋的殖民土地，这些在当时隶属于殖民帝国的土地后来都分别成为独立的国家，又在商业的联动下成为一个整体。在当时的背景下，对于1794年要绘制地图的自然学家来说，安第斯山脉不是隔开两个区域的障碍，而是连接两个区域的因素。

自然学家的地理探索、地图绘制和其他劳动成果极大地推动了美洲新诞生的独立国家在19世纪10年代之后的基础发展进程，其中包括共和国的组建、国家的巩固和民族的形成。

诸如奥古斯汀·科达兹（Agustín Codazzi）、阿尔赛德·德奥尔比尼（Alcide d'Orbigny）、克劳迪奥·盖伊和安东尼奥·莱蒙迪（Antonio Raimondi）等开拓者们踏遍了美洲各个国家，准确地刻画出了委内瑞拉、新格拉纳达[①]、玻利维亚、智利和秘鲁的领土特征，用科学知识贡献了这些国家的创建与巩固。证明他们的

---

① 新格拉纳达是西班牙在南美洲北部殖民地在18世纪的名称，它的领域相当于今天的巴拿马、哥伦比亚、厄瓜多尔和委内瑞拉。——译者注

功绩的作品包括科达兹的《委内瑞拉地理概要》、德奥尔比尼的《玻利维亚历史统计》、盖伊的《智利自然与政治历史》和莱蒙迪的《秘鲁》，这些人的身份都受到新共和国的认可，他们是各个国家的科学奠基者。

他们的作品中对新国家主权下的领土描述，以及由此而绘制的地图都是新共和国在了解、掌控领土过程中的关键。自然学家们用他们的工作成果为各个新成立的国家提供了其存在的客观依据，并对各个国家的自然资源和经济潜能做出了科学的认证。

从1810年开始，拉丁美洲的大多数国家政府开始关注自己领土的探究与测绘工作，因为他们需要对自己的领土有充分的了解以行使主权。例如在当时的智利，连一张能够勉强使用的地图都没有，当权者对城市的确切情况和地理上的重要据点知之甚少，没有人系统地研究过自然物种，更没有人关心过新共和国的地质特征或是准确地了解各地区的气候条件。

自然学家克劳迪奥·盖伊为智利绘制的地图为新共和国地理知识储备做出了实质性的贡献，也是整个19世纪国家执行行政管理工作和实现社会领土一体化的宝贵基础工具，促进了国家与民族的巩固。另外，盖伊所著的《智利自然与政治历史图集》一书中的地图也十分有效地展现了这个国家的地理特征。

克劳迪奥·盖伊因其研究的深度、广度和多样性，被认为是智利文化与科学界不可缺少的重要人物。他对智利在他所处时代的自然现实与社会现实进行了总结，后来的人在他作品的基础上对智利的发展建设做出了规划，并付诸实践。

而在委内瑞拉，奥古斯汀·科达兹被认为是第一个绘制出这个国家地图的地理学家，也是第一个将国家知识进行体系归纳的人。因此他对国家独立做出的贡献备受认可，除此之外，在对国家领土的重新认识和充分利用自然资源方面，他的贡献也十分卓越。

在新格拉纳达，科达兹的工作标志着对共和国知识进行系统梳理的开始。他领导的地图编制委员会从各个方面系统地对国家特征做出了概括与描述，其工作以全面著称。他工作的价值不仅表现在科学知识领域，也表现在政治方面，例如哥伦比亚国家身份的确立。这位意大利学者为哥伦比亚以国家的形象统一做出了决定性的贡献。他在新格拉纳达和委内瑞拉所做的地理工作是南美洲国家最早的系统化地理研究。

1830年到1833年间，阿尔赛德·德奥尔比尼在玻利维亚完成了他的巨作《南美洲旅行记》以及《玻利维亚地理、历史、统计概述》等其他作品，这些作品成了玻利维亚科学的奠基石。他是第一个从多个科学角度广泛概括共和国早期玻利维亚情况的学者，他的研究几乎涵盖了这个国家的方方面面，他的作品为人们认识国家自然资源做出了巨大的贡献。这位法国学者系统地收集了玻利维亚的地理、社会、文化信息，他是第一位描绘了这个年轻国家总体情况的学者，并评价这个国家是包罗万象的地球缩影。

安东尼奥·莱蒙迪于1850年抵达秘鲁，专门研究该国的自然资源情况，因为其他的研究者只是总结了国家的大概情况。他用了19年的时间走遍了这个国家，首次给他的第二祖国留下了一部用强有力的科学见解凝聚起这个国家的作品，第一次全面地总结了这个国家的情况。这位意大利学者的作品再次证明了自然学家在19世纪的美洲起到的重要作用，秘鲁领土成了国家疆土，这片土地上多样的文化成了民族特色，秘鲁从此以其独具的特色确立了国家的身份。

与别的学者一样，在洪堡之后，莱蒙迪也致力将地域科学研究图像化。1890年出炉的秘鲁国家地图在当时起到了许多重要的作用，无论是在促进社会和政治凝聚力方面，还是在公共项目和私营项目的规划方面，地图都毋庸置疑对国家发展起到了积极作用。

克劳迪奥·盖伊在1830年到1842年间探访了智利领土，划定了这个国家的自然疆域并对其特征进行了完善地归纳。盖伊用沿途积累的信息与亚历山大·冯·洪堡（Alexander von Humboldt）的地理模型划定了智利的自然疆域，于是智利的政治领域由此确立。

1830年，让政府下定决心聘用盖伊的一个重要原因是需要准确反映国家疆土的地图。因为那时候仅有的地理和水利图还是18世纪90年代时马拉斯皮纳远征队使用的地图，特别是海岸地区的情况有许多不确定性，鲜有被科学验证的点。所以盖伊一到达智利就开始为他承诺的"涵盖每个省份的大规模智利地图"而忙碌，然而这只是他接受的多项任务之一。

盖伊十分注意他的地图里应涵盖的内容，这也说明了自然学家在新共和国的组建中起到的重要作用。他与政府官员的通信中严谨地表示他的工作"不仅解读了智利的地理情况（从北部的阿塔卡马沙漠到南部的奇洛埃岛），也是政治性的，我将从瓜伊特卡斯（Guaitecas）群岛到合恩角（Cabo de Hornos）的领土范围全都纳入了地图中，因为这是宪法所明确的共和国的边界"。

盖伊开始着手完成一幅被他命名为《智利自然与政治历史情报地图》的巨作，这幅地图第一次囊括了所有的国家领土，也证明了盖伊对全方位展现当时智利地貌的渴望。

克劳迪奥·盖伊的作品不仅呈现出了海岸及海岸附近的地理信息，甚至还在考察旅行中识别、定位并命名了内陆的村庄和自然区域，不仅贡献了对国家疆域的划定，还对疆域范围内的地理信息进行了精确地呈现。

就智利的地理概念而言，盖伊的地图反映了一个正在组建和巩固过程中的国家。虽然盖伊发现在这个国家的中部某些地区依然盛行殖民的空间秩序是由山脉流向大洋的河流充当横向或纵向轴线，他还是希望通过自己的努力改变这种秩序，推动国家与民族的统一进程，靠时间的推移渐渐弱化横轴线，建立起以唯一纵轴线（南北线）为指引的秩序空间，盖伊的地图和后来建起的纵向铁路都体现了他的这一智慧。毫无疑问，盖伊的地图展现了一个在巩固进程中、对领土集中管制的国家，同时也反映了这个国家的民族建设。

考虑到在此之前从来没有过智利内陆的地图，盖伊在绘制地图时将视野扩大到了比太平洋海岸更远的地方，让智利的国家领土地图更具深度。单单是扩大东西国土范围、划定整个从太平洋到安第斯山脉之间的土地范围就在地理和政治上极大地促进了国家统一。盖伊的工作是对自然现实图像化，如实地表现当时智利的情况，他不得不通过大量的旅行和实地考察才能将这片高度纵向发展的土地的信息收集完整。虽然这片土地南北跨度极大，却在国家力量的推动下注定成为一个统一体，而盖伊的地图更是为国家主权的巩固与范围的扩大提供了精准的工具，也对智利民族的形成做出了贡献。

盖伊通过地图的绘制划定了新的共和国空间，同时也建立起了国家领土的概念。在这一过程中，甚至还扩张了领土范围，例如将南方群岛也纳入了地图范围。

因此，这位法国科学家所绘制的地图与智利国家与民族的诞生有着千丝万缕的联系，它们不仅划定了国家的疆域边界并展现了疆域内的关键地形，还是公共倡议的成果，为国家主权的巩固和民族的形成提供了必要的工具。

《智利自然与政治历史图集》中的地图除了反映当时的现实之外，还预测了未来的现实，塑造了共和国应该囊括的领土的样本，使疆域统治得到了巩固，也更加坚定了民族的希望。

盖伊的"智利地图"成为名副其实的国家与民族的标志。智利成了一个以自身特色被认同的国家，国家认同感也深深地渗透进了国民的集体意识，成为引导和激励未来行动的方向，社会与领土划分的界标。

在确定智利的自然条件与环境时，盖伊不仅界定了共和国的边界线、厘清了共和国内的自然资源，还将地质环境纳入了他受政府之托书写的国家历史之中。

因此，与其他许多美洲国家一样，智利历史的诞生也是国家确定领土空间、成为可识别的地理单元推动的结果，因为国家需要一段历史来论证它的领土版图的合法性。像盖伊这样的自然学家为南美土地做出的贡献影响深远，他们的知识成果极大地推动了南美洲新生国家的发展。

—9—
国家扩张

智利,矿业之国

采矿是智利在19世纪最主要的经济活动,此时的智利已经是世界级的矿业之国。工业革命是推动智利国际矿业发展的主要因素,当发达国家需要工业原材料来发展自己的工业时,智利开始大规模地开采铜矿,而当这些国家需要提高自己土地的产能时,智利开始在塔拉帕卡(Tarapacá)和安托法加斯塔(Antofagasta)开采硝石。

19世纪蔓延全世界的工业资本主义也需要贵重金属来作为支付手段,智利本来就有不少金矿和银矿。采矿业对于国家经济与社会发展的贡献在19世纪持续攀升,也是不可替代的基本财政收入来源。此后,智利就被打上了矿业之国的标签。

将共和国时期的矿业与殖民时期的相较，从1830年起，矿业活动展现出了极大的活力，其主要特征表现：相比殖民时期以来的矿产开采（金矿和银矿）量大幅增加；非金属矿产的强劲繁荣，尤其是煤矿和硝石；机械与技术投入带来的矿物开采与精炼的现代化；以及采矿业的进化，从一个原始、落后、资源受限的产业发展为机械化、多元化、高收益的产业。

从社会角度来看，矿业的发展所造就的企业家群体催生了这个国家的资产阶级，同时也为社会无产阶级的构成提供了条件，当时在矿场中受雇佣的劳动力就是无产阶级的开端。

矿业资本为农业、商业、银行和工业的发展提供了资金。矿物提取和加工的现代化，以及其他许多工业的发展，都与金属加工业的发展脚步相一致。对矿产品征收的出口税使矿业成为最大的财政收入来源，也让国家的扩张有了基础。

铜这种红色金属的新用途让市场对它的需求源源不断，新矿床的发现，塔玛雅矿的全面开采，先进采矿与冶炼技术的传播，这一切使智利成了19世纪最重要的产铜国之一。而铜在电力行业有着非常重要的作用，得益于电的发现与普及，智利铜产量从1844年的9586吨增长到1876年的52308吨。到1870年以前，智利的铜产量一直占全球的30%~40%，年生产量在4万吨到5万吨之间，这一时期被认为是19世纪铜产业的高峰期。与铜相关的产业活动的迅速发展也带动了为其提供原料的其他工业的发展。

19世纪的最后三十多年里,世界需求量上涨和密集生产带来的是高质量矿床的枯竭,这就使金属的提炼变得更有必要了,而这要求对技术进行投资,但智利的企业家们不愿意大规模投入。再加上其他竞争者的出现,和一些阻碍开采的地方现象导致了智利铜矿业在19世纪的最后三十年走向衰落,直到20世纪初才重新出现转机。

而银矿也在查尼亚西奥与特雷斯普塔斯两条富矿脉的开采周期结束以后陷入了衰败。到1855年时,这些矿场已明显枯竭,直到1870年卡拉科尔(Caracol)矿脉被发现后,银矿的开采才得到恢复。整个19世纪,银矿业的开采和生产跟殖民时期相比有了显著的增长。整个殖民时代的白银生产总量为270吨,而19世纪智利的白银生产总量达到了7800吨。年生产最高纪录为1887年的220吨。

智利首次尝试系统规范地开采煤矿可以追溯到1842年。煤矿业在阿劳科海湾的兴起与蒸汽轮船的发展和反射炉在铜矿开采中投入使用需要大量燃料有着密切的关系。1860年以后,煤矿开采进入了扩张期。世界市场煤炭价格的上涨和铁路与蒸汽轮船的增加拉动了煤炭产量的上升,从1853年的6438吨上升到了1859年的172300吨。

硝石开采在19世纪中期发迹时起，就有大量的智利劳工和智利资本投入这一产业，因为是智利人首先在安托法加斯塔开采硝石。19世纪60年代，智利先驱何塞·桑托斯·奥萨在阿塔卡马沙漠发现了硝石，然后开始在玻利维亚境内开采硝石。到了1880年，硝石产业已经延伸到了秘鲁，被塔拉帕卡官员和在玻利维亚领土开采的英国、智利、德国私营业主们占据。对硝石不断增长的需求刺激了智利人投资发展这一产业，因此，虽然1879年以前硝石开采主要在秘鲁和玻利维亚领土上进行，但大部分的收入都流入了智利。在太平洋战争之后，智利垄断了自然硝石，开启了硝石开采的新时代。

农业扩张

19世纪60年代中期，一个新的市场对智利小麦打开了——大西洋。在此之前，智利农业因为缺乏稳定输出产品的市场而发展十分缓慢。新市场对谷物的持续需求使智利农业在19世纪下半叶有了发展的可能。

智利小麦的主要买家是英国，英国的土地和气候不适合种植小麦，而且该国的经济重心更加偏向工业制成品生产。

海外市场对智利小麦的需求刺激了国家农业的重要变革，例如将更多领土划入耕地面积；引入蒸汽机开展现代化作业；种植大麦、亚麻、大米、甜菜等新物种实现农业生产多样化；投入建设重要的灌溉系统，如阿空加瓜运河、马亚劳科运河、卡塔皮尔科水坝，这些工程的建设让干旱地区得以被灌溉。

农业的扩张意味着国家发展纳入了新的板块。参与发展的地区有阿劳卡尼亚地区和湖地区（Los Lagos），这两个区域在19世纪中叶之前与国家大事都没有什么联系。

阿劳卡尼亚地区和湖地区被划入发展地区的根本推动因素是建立新的粮食生产基地的需求。世界人口增长及其带来的日益增长的农产品需求，加上拥有了开垦荒地的技术，造成了朝未开发的地区扩张的普遍现象。

阿劳卡尼亚地区加入国家发展是从征服时期发展至今的大融合过程中的一部分，也是西班牙人与当地土著长期交融的结果，19世纪中叶时，智利人已经占领了阿劳卡尼亚并在此开发资源，只差官方行为将这片地区正式地纳入国家领土范围。伴随着北部金矿、银矿的发展和沙漠地区硝石的开采所产生的粮食需求促成了这一过程。持续的农产品需求自然而然地造就了对阿劳卡尼亚地区的渗透以及对该地区沃土的开发。马普切人的原始财产遭到了侵害，于是通过欺骗与武装四处掠夺，给马乌莱（Maule）、纽夫莱（Ñuble）和康塞普西翁这些农业不发达的贫穷地区造成了很大的压力，人民缺少劳作的机会，大量人群在等待着开垦荒地，而19世纪40年代始于阿劳科的煤炭开采吸引了大量的劳动力也刺激了对该区域海岸土地的占用。这也是引来西班牙、瑞士、意大利、德国等地的移民和长距离铁路建设的必要条件。

相较于全国人口，或是流入其他国家的移民数量，流入智利的移民数量是比较小的，举个例子，1860年到1930年间，涌入阿根廷的移民多达600万人，而进入智利的移民只有14万。

不过，有些移民的加入增强了营商能力，有的提高了劳动力的素质，成了他们所定居的地区经济发展中的活跃主体。

位于阿劳卡尼亚地区南部的湖大区也具有农业用地的性质。德国移民在这里是促进发展的主角，他们从19世纪50年代起陆续到达智利，占领了这一区域并开始生产粮食。在小麦、大麦、土豆种植的基础上还发展了畜牧业和工业活动。就这样，从一开始单纯的粮食生产迅速发展出了木材、制革、制酒、纺织工业，除了道路、铁路、城市化工程的进步，该地还成为全球发展大背景下农业动态发展的典范。

货币体系与工业

国家独立并没有带动货币制度的转变。智利流通的货币与殖民时期的货币基本无异,只是改变了硬币的楔形图像。仍然由金币和硬币作为实现商业运作的手段,也就是说实行的仍是流通量少、成本高昂的金银复本位制,这样的制度无疑阻碍了这个正值经济大力发展的国家的经济增长。

那时候没有银行也没有纸币,而且一切试图建立银行和纸币系统的尝试都是徒劳。直到19世纪50年代,智利对于加大投资资本的需求促使了社会对货币认知的改变。第一批银行和信贷手段出现了:纸币、期票、债券、股票和汇票。

纸币取代了金币和硬币,使大额支付更加便利,扩大了经济流通规模,持续的经济扩张也促进了新的投资和生产规模的扩大。除了私人银行以外,国家银行也为信贷做出了贡献,成立了两大机构:信贷抵押局与国家储蓄局,这两大机构的资源都是面向公众的。

从金银复本位制向新货币制度的转变是智利经济转变的根本。不仅因为货币制度的转变带动了银行的出现从而刺激了商业发展、提升了商业活力,还因为它使通过信贷来创造财富成为可能。

信用体系的建立造成的第一个后果是通货膨胀,因为银行发行了价值高于实际资产价值的票据作为担保。这种情况在一个国家格外依赖海外市场的时候变得尤为严重,甚至引发了阶段性的经济危机。货币贬值对中产阶级和普通大众的影响较大，直到19世纪末，中产阶级和其他普通民众的经济情况一直在下滑。相反，资产阶级却从货币贬值中获利，因为他们赚取的是外国货币，花费的却是贬值的智利比索。

智利国家工业的起源可以追溯到1850年到1879年之间。智利第一批具有工业特点的设施的出现跟蒸汽机抵达这个国家有关，即1840年，太平洋蒸汽轮船公司的第一批轮船抵达瓦尔帕莱索港。矿业是另一个较早开始使用蒸汽机的行业，而煤矿是蒸汽机运用最广泛的矿种，铜矿和银矿中使用较少。1851年开始的铁路建设也促进了蒸汽能源的推广。

该国20世纪下半叶的经济扩张带来的是一段充满活力的经济增长周期，各种生产要素也随之聚集，如资金和高质量劳动力，加上信贷的提供、政治的稳定和有利的经济立法，新的经济产业得以萌发，如工业和服务业。

引入蒸汽动力的地区对国家生产部门产生了很大的影响，迫使其发展现代化。机器的存在意味着需要维护锅炉、发动机和轮船外壳的车间与工人。国际需求、蒸汽轮船与铁路的出现让许多新的地区也加入了粮食生产与工业制造的行列，刺激了新现代化工业设施的建设，也就是那些由一位工头带领十位工人、使用蒸汽动力的工厂，在这里，企业家与劳动者之间用工资建立联系。

智利的资本主义制造业就是这样开始的。

智利最早的工业集中在粮食生产和金属生产行业，还有一些木材家居和造纸厂。就创造就业和驱动力两方面来讲，表现最突出的还是金属生产业，金属生产业中的机械也代表了最高级别的投资。外国资本高度参与工业（1876年近70%）是智利国家工业初期的一大特点。

饮料、烟草、纺织、制衣、制鞋、制革、橡胶、化工和非金属矿业也发展了起来。直到1876年，智利全国共有127间工厂，雇用了近6000人，总体动力达到了1122马力。与同样处在工业化进程的欧洲国家相比，例如工业晚熟的比利时和瑞士，智利的工业规模还很小。

在所有的工业产业中，金属制造业是产能最大的。北部的东科伊港和瓜亚干以及阿劳卡尼亚罗塔镇的大型铜冶炼厂、圣地亚哥与瓦尔帕莱索的金属制品厂，以及卡尔德拉与罗塔的工厂生产了各种各样的商品，从铁路、蒸汽船的零件到农业和矿业生产设备应有尽有，制作简单的产品有邮车、推车、耕犁等，制作复杂的产品有蒸汽机、机车和船舶锅炉，打谷机、火车货箱、水箱、硝石加工、整流管、疏水阀、水泵、电报设备、大炮零件和各种工具等，这一系列产品构成了国内交易市场。

智利国家工业的最大不足之一是大部分产品的制造都是使用

的外国原料与外国模型，因此给现代技术的融合造成了一些阻碍，特别是资本的不足，也阻碍了工业的进一步发展。

智利，庞大的医院

虽然这个国家在19世纪经历了显著的发展进步，但从微观经济的角度来看，大多数人的个人生活水平改善得非常缓慢，特别是在身体健康方面，人民不但贫穷，还时常遭受疾病和摧毁性流行病的侵袭。这是收入分配不均表现出的症状，也是智利社会的一大特点。

无论是经济增长、城市基础设施所带来的生活条件的改变，还是19世纪的经济扩张可能带来的食物方面的改善，都没能提高人民面对疾病的心理和生理防御能力，疾病致死率依然居高不下。

从19世纪初期开始盛行的常见疾病有伤风、牙疼、四肢疼痛和腹痛，治疗这些病症主要采用的方法有按摩、草药煮热水沐浴，用各种草药、植物和动物制作药膏，其中大部分都伴有马黛茶和白酒。天花成了常见病，它无疑是19世纪最大的杀手。人民面对疾病和身体的不适，只能无能为力地忍受或是靠虔诚的祷告寻求安慰。

虽然圣地亚哥的人们也受痢疾的困扰，不过最普遍的还是要数性病，特别是1840年时情况尤为严重，大量传播的疾病都是性病。1839年秘鲁战争之后，还出现了斑疹伤寒，天花从阿根廷翻越过安第斯山脉传到智利。

在其他省份，北部半沙漠的气候特点使支气管炎、肺炎和肺结核成为当地居民中的易发病。浆液性腹泻也是常见的地方病，这种病的高发也与当地气候有关。除此之外，痢疾、梅毒和皮肤病、风湿、心脏病也都存在。在潮湿多雨的南方，常见的病症有神经痛、关节炎和抽搐性咳嗽。卡他性流感和急性胸膜肺炎在全国都存在，特别是冬天，有时爆发的病毒会让疾病变成疫病。

农村人口则容易患一些突发性和结构性的疾病。前者包括食用未成熟的果实引发的严重疾病，甚至导致了大量人口死亡。虽然他们一般体质很强，却因家庭成员中普遍存在的性病变得脆弱不堪，这种情况在北部矿区比南部农业地区更严重。农村人口只要到了成年的年纪，通常会大量的生儿育女，八个十个或是更多，但只有一部分能存活下来。

农村的死亡率低于像圣地亚哥这样的城市，因为城市人口聚集和高温导致的痢疾死亡率非常高。医生将人民身体健康状况恶劣归因于人民生活条件的恶劣，不过到了19世纪中期，坏血病、疟疾和黄热病已经不再多见了。

虽然智利已经发生了许多变化，但总体来说，19世纪智利人民的健康状况是非常糟糕的,这个国家可以说是一座"庞大的医院"。天花、麻疹、梅毒、斑疹伤寒、痢疾是最可怕的疾病,因为它们易传播、致死率高,给病人造成的痛苦和给社会带来的动荡都非常严重。稍微轻一点的疾病有肝、胃、心脏和肺部的急性或慢性炎症,关节与肌肉的风湿病,急性发烧,从动物身上感染的脓包,以及皮肤和子宫不同类型的溃烂,这些疾病的患病人数与之前提到的流行病不相上下。

那个时候,伴随不同器官病变的神经病症也开始展现出自己的邪恶与神秘,引起人们的注意。这些病症的出现与文明的进步和人们感官的越发丰富精细有关。

对病患身体症状和器官的诊断表明,智利人中最常见的病症大多出现在胃肠和肝脏,各种类型的肝炎,以及与心肺、呼吸器官相关疾病都是常见病,包括胃肠道感染、消化不良、腹泻、胃炎、肠炎、痢疾、支气管炎和肺炎。

随着临床病理积累和医学的进步,加上全国社会经济条件的改善和国家卫生统计予以的信息支持,智利的医生们不断改进对这类国民疾病的诊断方案,这个过程不仅加强了疾病防御,还从根本上改善了国民糟糕的健康状况。

19世纪70年代中期,智利新生人口众多,每25个居民中就有1个新生儿。而死亡率为每40个居民中有1人死亡。夫妻的数量并不多,因此高数量的新生人口只能解释为非婚生子的比例较高。据已知统计数据,1871年时,每2.8个新生儿中就有1个私生子,在那个年代是非常高的比例。

而且那个时候几乎每2例新生儿中就有1例死亡。总的来看,大多数的死者处于0—7岁这一年龄阶段,1865年,0—7岁的死者占死亡总人数的58%。死亡率最高的季节是夏季,夏季是果实收获季,未成熟的果实被误食造成的痢疾对公众健康产生了较大影响。1849年到1858年间,算上被遗弃的新生儿,新生儿童死亡率高达56%。每年的死亡人口中,80%以上都是极度贫困的人口。

到了19世纪末,尽管智利已经取得了较大的进步,大多数人口仍然过着贫困悲惨的生活。他们的无知、不良的卫生习惯、半原始的生活方式都是导致生活困苦的原因。而且他们几乎都住在肮脏、通风不良的房屋里,呼吸的"不是滋养生命的新鲜空气,而是令人窒息的毒气",结果就是死亡率的居高不下,"疾病紧紧缠绕着贫困人群,其破坏性势不可挡地蔓延"。一切都是一场严重社会危机的症状。

造成死亡人数最多的疾病是肺结核,1859到1883年之间,在智利医院登记过的160038病人中,共有41035例病人死亡,即总数的25%以上。肺结核的主要攻击对象也是穷人,中产阶级和富裕人家基本能免受其害。无论是何种气候和环境,肺结核给全国各个地区都造成了严重的影响，被视为名副其实的瘟疫，它的发生是穷人的生活条件与习惯造成的。

造成死亡的第二大杀手是热病，特别是斑疹伤寒，它通常在收获季夏季出现。直到19世纪城市饮用水提供系统逐渐完善，才减少了热病和痢疾的发生。不过，大量饮酒导致的肠胃疾病也时常发生。

另一个与痢疾并行的感染性传染病，是一直困扰着全国人民的可怕肺炎，1859年到1882年间，因肺炎住院的病患的死亡率为8.6%。肺炎在一年四季都有可能发生，不过在气温突变的春季和寒冷的冬季更为常见。患病者遍及各个阶层、各个年龄阶段和各个气候地区。

19世纪时，还有一些让病人反复发作的疾病让医生十分关注，如风湿病、心脏病，尤其是导致肥胖的瓣膜疾病，以及表现为甲状腺肿大的甲状腺疾病。

整个19世纪，因为心脏病发病频率高、范围广和危害严重备受医生的关注，最重要的是，医生已经将心脏病认定为是不同于其他疾病的独立病症。

在20世纪青霉素被引入智利之前，性病也是智利的常见病。其中淋病是不太严重的一种，梅毒因其高传染性令人十分担忧。即便不是最主要的疾病，梅毒也是19世纪在智利传播最广泛的疾病，1857年时，人们注意到这种疾病造成的悲剧每天都在上演，引发无法治愈的并发症，所以那一代人十分迷惘。虽然这一疾病并不致命，但也降低了人们对生活的期许，给患者造成痛苦与恐惧，而且患梅毒往往被认为是一件可耻的事情，再难以正常社交，一方面因为梅毒起源于性交易，另一方面是它在身体表现的丑陋症状。

性病，或称"法国病"被认为是社会的严重威胁，因为性病患者往往更容易感染其他可怕的，甚至是致命的疾病。例如，梅毒患者对结核病几乎没有抵抗力。也有专家认为很大一部分没有由来的流产也与性病有关。

这样的现实状况让圣地亚哥被认为是当时文明世界中最致命的城市，1890年到1898年间，人的平均死亡率接近50‰，居民数量在这9年间从266000人上升到320000人。在学龄前儿童中，死亡率更高，例如，在1876到1880年间，几乎每100名死亡人口中就有59名是0—7岁的儿童，1893年到1895年间，1岁以下儿童占死亡人口的37.63%。

首都还不是这个国家唯一的致命城市，到了19世纪末，康塞普西翁也在"最不宜居城市"的名号争夺上与圣地亚哥不相上下。诸如天花和肺结核是造成该地区死亡率高的主要疾病。

这一切都解释了为什么20世纪初期时，智利人口的预期寿命一直只有30岁，直到20世纪20年代才开始有所改变，预期寿命达到了55岁。在此期间，儿童死亡率也开始降低，到了1960年，新生儿的死亡率从1900年的342.5‰下降到了119.5‰，在此之前，人口患病的死亡风险非常高。

除了那些持续影响人民健康的疾病，智利人偶尔还会受到天花、猩红热、白喉、霍乱等疫病的威胁，这些疫病造成的毁灭性伤痛也给社会留下了深深的伤疤。

疫病及其后遗症

天花，通常被称为"瘟疫"，是一种古老且频发的恶性疾病。19世纪70年代中期，天花在天气转凉时进入乡村和城市，尤其是在干燥漫长的秋季猖獗，然后伴随着冬季的降雨停止。天花总以令人绝望的规律性出现，大约每隔3~5年，或轻微或严重地侵袭人类，且在北部和中部的省份明显更为猖獗。

天花的主要受害者是生活和卫生条件恶劣的居民，他们长期暴露在传染源中，也没有接种疫苗，被成千上万地夺走生命，其中大部分是年轻人，疫病已经成为社会的创伤，因为它是造成人口锐减的重要原因，无形之中成为一个文明国家最大的耻辱。天花造成的毁灭性灾害势不可挡，仅在1885年到1886年，就造成了

10442人死亡，占全国总人口的0.5%。天花的活跃期也很长，直到20世纪初期还严重地破坏人类生活。

霍乱也是不断影响智利的流行病，它造成的严重后果促使国家开始关注国民健康状况。智利医生明白霍乱是非常可怕的疾病，它一旦传播开来就能感染大量的民众，造成至少三分之一的被感染者死亡，如果不加以控制，受感染者的死亡率可能高达90%，医生们曾试图通过指导民众医疗健康的知识以防止其蔓延。

与其他所有的疾病和瘟疫一样，霍乱主要的攻击对象也是社会上的穷苦群体，因为上层社会里所有的污秽物都会流向穷人居住的城市低洼地区，垃圾在这里堆积并为微生物的滋生提供了有利的条件。但是否患病也取决于个体的健康状况，因此，体魄强壮、身体健康的人比营养不良、患有疾病的人更能抵抗病毒的侵袭。

1889年在塞雷娜发生的疫病说明地理条件、气候条件和社会卫生条件对霍乱的破坏程度有着很大的影响。由于该地区炎热的春季气候、丰富的果实、城市周围平原产生的瘴气、穿越城市的臭水沟以及城市制革厂倾泻的污物导致阿拉梅达河道的肮脏不堪，瘟疫在这个城市流行了一段时间。

与大多数受感染的地区一样，无情的瘟疫造成了塞雷娜大量居民的死亡，平均每42.5人中就有1人死亡，这是极高的死亡率，甚至比圣地亚哥还要高，据统计，圣地亚哥在1887年到1888年间共有5000人死亡，也就是平均每50人有1人死亡。这些数据表明了瘟疫的强度，在拥有22000人口的塞雷娜，每26位居民中就有1位感染霍乱，63%的受感染者也就是2.4%的居民死于霍乱。

根据民事登记处的统计，霍乱在1886年到1888年间席卷智利，共造成28432人死亡。如果考虑到1885年智利的总人口为2527320，那么霍乱带走了1.1%的人口，换算到今天的人口相当于约170000人。

这一切都解释了为什么智利的死亡率从1886年的3.16%上升到了1888年3.76%，上升到了前所未有的比例。除了霍乱之外，天花还在1882年到1888年间造成了18947人死亡，也就是国家总人口的0.8%，换作今天就是17000000人口中的136000人。

大多数感染流行病死亡的都是普通民众，曾经是这样，将来也会继续如此，尊贵的卡门·亚里亚加达（Carmen Arriagada）早在1837年写给毛里西奥·鲁亨达（Mauricio Rugenda）的信中就说明了情况并解释了原因："说到生命，我的生命还没有受到瘟疫的威胁，到目前为止，我的家还未受波及。大概是因为幸运（穷人们可能不会这么认为），瘟疫只是袭击了那些注定要遭受病痛折磨的人，例外地避开了那些有条件靠药物和保养维护自己生命的人。"

面对疾病与死亡的威胁，人们很难接受自己不幸的遭遇，大多数的反应是绝望与悲伤，以及面对疾病的无能为力，这也说明那个时代医疗条件的匮乏。

个体在面临疾病时的无奈和悲惨结局与这个国家在20世纪取得的积极发展形成了鲜明的对比。它揭露了普通民众非人的物质生存条件，以及个体和集体某些方面的特征，比如大部分人的脆弱性和国家卫生条件的糟糕，即便已迈入现代资本主义社会，这些方面仍如此落后。

-10-

国际争端

反西班牙战争

19世纪60年代中期,在南美洲各个共和国之间的争端被激化之前,一场意想不到的冲突在智利与秘鲁的太平洋海岸发生了。这两个国家早在19世纪30年代卷入过智利对抗秘鲁-玻利维亚联盟的战争,后来在太平洋战争中从1879年鏖战到1884年。不过在1865年到1866年间,双方联合起来对抗了西班牙伊莎贝尔女王发起的侵略,西班牙舰队占领了秘鲁领土、切断了美洲的港口交通,更是在返回欧洲之前炮轰瓦尔帕莱索与卡亚俄(Callo)。

这一系列事件发生的背景是以女王伊莎贝尔二世为首的西班牙皇室想要以某种方式重新恢复以前的帝国,于是开启了一系列以此为目的的行动，其中包括组建太平洋军事警察委员会，以响应驻扎在美洲的西班牙外交官和西班牙公民的要求；鼓励与美洲地区的贸易往来；紧密与美洲共和国（曾经的殖民地）的政治联系，除此之外，还一直在寻找机会建立海军基地以扩大西班牙的行动范围。

西班牙人组建海军舰队的目标终于在1862年实现。为了重振殖民帝国的辉煌，改善西班牙科学落后的状况，西班牙人还组建了科学委员会与舰队同行。沉浸在浪漫主义精神与民族主义之中的西班牙人将对科学知识的追求与国家荣誉联系了起来，自然学家、摄影师和插画师都纷纷加入其中。

从当时的欧洲背景来看，西班牙的行为应该解释为军事力量、科学力量和政治力量的展示。而对于美洲的共和国来讲，这些行为则被理解为旧宗主国在宣布它的回归，即便不是以统治者的姿态，西班牙也在宣告它作为过去统治美洲大陆的帝国，以及自认为的新欧洲强国应具备的债权人身份。

尽管西班牙皇室声称自己组建海军舰队是出于好意，仍然有声音质疑它行动的时机，有人认为舰队的出航是不恰当的。各种因素都证明了这种担忧是正确的，一切与此有关的国际动作，例如西班牙人从1861年到1865年对圣多明各的长期占领，都在激发拉丁美洲的反西班牙情绪。

西班牙介入时正值它的旧殖民地爆发美洲主义情感，智利就是一个典范，这种情绪在1862年目睹法国侵略墨西哥时更加高涨，恰好英国与西班牙也参与了这场侵略。在秘鲁与西班牙因为独立时期遗留的问题再次起纷争时，情况也得到了证实。从那以后，秘鲁对西班牙的一切行为都持保留和防御的态度。智利《铁路报》是这样报道的，1863年1月秘鲁出现"政治动荡"，政府以"处在危险中的国家"的名义请求行使特殊权力，原因是"怀疑有一支来自欧洲的舰队正在向太平洋驶来，而它此行有着无法解释的目的，不管是干预或侵略还是其他什么计划，都在造成恐惧和紧张"。论调悲观却言中了后来发生的事情，也说明了有一部分秘鲁舆论从一开始就非常抵抗欧洲舰队靠近美洲海岸。

1862年，由指挥官路易斯·埃尔南德斯·平松（Luis Hernández Pinzón）带领的太平洋舰队从加的斯起航。总之，舰队接到的来自海军部的指令是前往巴西、拉普拉塔河、巴塔哥尼亚海岸和马尔维纳斯群岛；绕过合恩角进入太平洋，然后前往智利海岸的奇洛埃岛、康塞普西翁、瓦尔帕莱索，秘鲁港口阿里卡和卡亚俄，然后经过阿卡普尔科（Acalpulco），最后抵达阿尔塔加利福尼亚（Alta California）。由于西班牙与秘鲁没有建立外交关系，海军部给出的建议是"永远都只能从秘鲁的港口经过"，尤其是在"他们庆祝战胜我们的军队取得胜利与独立的日子里要表现得格外谨慎",避免"任何形式的承诺",而西班牙军队的指挥官埃尔南德斯·平松的行为却完全是另一个做派。他在使命中掺杂了一些主观性、情感性和不可预测的因素,这次行动中的严格命令与国家目标本应该凌驾于个人的兴趣、情感和动机之上。

1863年5月,西班牙队伍在瓦尔帕莱索受到了热情的迎接,人们在港口热切地等待他们的到来。舰队以及同行的科学家成员的动向不仅受到了媒体的大肆报道,也受到了舆论的广泛认可,公众通过报纸毫无保留地用褒义词表达了他们对西班牙舰队的看法。不过,有的人从一开始就将西班牙舰队的现身与国际政治联系在了一起,特别是秘鲁的警戒状态。

结束了在智利的行程之后,舰队朝着秘鲁出航,舰队越临近秘鲁,对它的批判声就越强烈。还有一个背景是西班牙要求秘鲁提供鸟粪作为一笔债务的担保,鸟粪是秘鲁最主要的出口资源,1863年7月10日,平松带领他的舰队在一片低迷的环境中登陆了卡亚俄港,开启了双方剑拔弩张的紧张局势。

虽然双方对彼此都抱有成见,西班牙人在卡亚俄港停靠前两周大家都相安无事。1863年7月底,秘鲁独立纪念日的前夕,西班牙舰队为了避免冲突起航北上离开了秘鲁。但这时候,在充满怀疑与分歧的敏感环境中,一些事件已经开始发酵,最终将双方引向了武装冲突。

同年8月，西班牙舰队已经到达了北美海岸，秘鲁发生了"塔兰波（Talambo）斗争"，几名在秘鲁定居的西班牙人因为劳动条件问题遭到了当地工人的暴力讨伐，其中一人死亡。这一情况激起了西班牙人的抗议，要求法院取消对西班牙定居者不利的判决。在数百英里之外的平松得知此事后，召集了战争委员会占领了秘鲁钦查群岛。

就在西班牙政府还在审议事件过程时，西班牙舰队已经转头南下了，而智利的报纸也绝不会放过指责西班牙人的机会，指责他们的行为和对美洲人的态度。毫无疑问，报纸发表的言论对于引导舆论对抗西班牙与太平洋舰队有着重要的作用。

西班牙与秘鲁当局之间发生的一系列事件和误解导致了1864年4月14日西班牙人占领钦查群岛。西班牙总指挥官平松认为自己受到了秘鲁政府的冒犯，双方轻率、鲁莽、不假思考的决定都加剧了局势的紧张。平松发表的一番为自己辩护的宣言和向秘鲁政府提出的要求更加煽动了美洲人的反抗情绪，对此，秘鲁总统胡安·安东尼奥·佩泽特（Juan Antonio Pezet）斩钉截铁地表示："如果我答应西班牙人的要求，谁都可以把我的头砍掉。"与此同时，秘鲁舆论也越发激烈，拒绝与西班牙人的任何谈判，并呼吁采取军事行动来回应西班牙舰队的侵犯。

这些消息立即激起了智利的激烈反应，智利民众的美洲主义情绪早已因为其他欧洲人干预美洲事件被激发，平松指挥官的行为立即被智利人民认为是侵略。

智利人民有如此态度是因为智利的媒体、国会和舆论表达都在操控和扩大这场冲突，煽动民众的情绪，这样在西班牙提出任何协议时都能让民众持反对意见。从1864年5月起，《水星报》和《铁路报》连续刊登的文章都表达了国家的态度，西班牙舰队对秘鲁的所作所为被"强占""侵犯""图谋不轨"等词语界定。任何想要通过寻求和解解决问题的人都会被指责是国家叛徒，当时的智利内政和外交部部长曼努埃尔·安东尼奥·托科纳尔（Manuel Antonio Tocornal）就是因此不得不离开。

失败的调解尝试、西班牙提出包括向西班牙旗帜行礼等不可能的要求、平松被革职、美洲代表大会在利马成立，1864年12月初，何塞·马努埃尔·帕雷哈（José Manuel Pareja）将军接任了太平洋舰队指挥官的职位，并开始担忧西班牙日益累积的关于秘鲁的问题，这一系列事件的发生促成了1865年12月5日智利与秘鲁签署联盟协议。显然这次关乎的并不是秘鲁的自由和独立，而是这个国家的荣誉和西班牙太平洋舰队不断增加威胁带来的诸如鸟粪资源被强占的实际问题。

帕雷哈将军不但不回应在秘鲁发生的事情，还将目光转向了智利，对其大加斥责还要求赔偿。西班牙人谴责了智利舆论对西班牙的敌意；智利民众因为钦查群岛占领事件对西班牙的辱骂以及智利政府对西班牙行为的抗议；智利人向秘鲁提供船只却拒绝帮助西班牙；甚至还有向秘鲁支援志愿者以加强秘鲁武装力量之嫌；以及智利拒绝给予西班牙其他国家享有的关税豁免权。由于智利政府的回应让西班牙非常不满，于是驻智利的西班牙代表被撤换，由帕雷哈将军亲自上任，他要求智利给出新的解释。"如果智利不能满足西班牙的要求，帕雷哈应该摧毁罗塔的煤矿或是瓦尔帕莱索这座城市"。

最初的恐慌让民众更紧密地团结在政府周围，1865年9月17日，也就是智利国家独立日的前一天，在一片团结的气氛下，智利人迎接帕雷哈一行抵达瓦尔帕莱索港，西班牙人也选择了在这一天向智利政府下发最后通牒，却遭到了断然的回绝。帕雷哈随即封锁了所有的智利港口，交战一触即发。西班牙国会授权宣战，而在智利定居的英国人、法国人和美国人都无法相信西班牙会发动无休止的战争，他们可能没有考虑到帕雷哈的父亲是1813年智利独立战争中战死在智利爱国人士手中的西班牙军官，而这一事实更是加剧了他对智利的怨恨。没有人理解帕雷哈对智利提出的"在瓦尔帕莱索对升起的西班牙国旗鸣21发礼炮致敬"的要求，以及他对智利发出的警告，"如果智利政府不同意这一要求，那么智利政府将对一切后果承担全部责任"。

敌对行动开始后，双方的力量悬殊还是非常明显的。西班牙舰队拥有五艘护航舰、两艘双桅舰和几艘运输船，虽然智利只有两艘船，远远少于西班牙人，但由于智利海岸线绵长，西班牙人只能实现对四个港口的封锁。在其中一个港口，西班牙人还遭到了智利人的偷袭，导致双桅舰科瓦东加号（Covadonga）被俘获，让帕雷哈的自尊心受到了严重的打击，面对这份无法接受的耻辱，他自杀了。

舰队新指挥官卡斯特·门德斯·努涅斯（Casto Méndez Núñez）接到的指令是为科瓦东加号报仇后离开太平洋。复仇的方式包括炮轰瓦尔帕莱索和炮轰罗塔的村庄，门德斯选择了最轰动也是最令人屈辱的方式，在此之前，外国人为避免灾难所做的一切调停努力都是徒劳的，不管是劝说智利政府满足西班牙的要求，还是劝服西班牙人放弃他们的要求。最终，西班牙在1866年3月31日对瓦尔帕莱索进行了轰炸，造成了该城市仓库、办公区、公共设施和私人住宅的大量损毁。

结束了对智利主要商业城市的袭击之后，西班牙舰队转向前往秘鲁。舰队4月25日到达、4月26日开始封锁卡亚俄港。与智利不同的是，卡亚俄港建立了防御工事，准备好了迎接一场战斗。战斗导致了人员伤亡，牺牲者中何塞·加尔维斯（José Gálvez）表现出了捍卫者的英雄气概。双方都声称自己是胜利者，但秘鲁人在5月2日庆祝了这场盛大的胜利，西班牙人却在战斗结束8天之后返回了欧洲。战争结束了，西班牙人的要求并没有得到满足。

在智利，与1837年对抗秘鲁-玻利维亚联盟的斗争不同的是，对抗西班牙的斗争展现出了舆论的力量，大家不仅都积极表达意见，还以极大的热情支持斗争。媒体也展现出了它们的号召能力，知道提出适当的论据，这也是为什么人们非常愿意加入战斗的原因。

对于秘鲁而言，卡亚俄港发生的对抗西班牙的史诗性事件促成了国家意识和爱国情感的滋长，英雄为捍卫国旗而倒下也是促成国家团结的一个因素。当然，与西班牙之战也有负面影响，比如国家债务的增加。

在智利和秘鲁与西班牙冲突中的情感与主观因素让两国的民众满腔热情地接受了一场看似荒谬的战争。这两个社会都被荣誉、尊严、旗帜与自由所打动。媒体号召爱国民众勇敢地对抗来自西班牙的威胁、侮辱和侵犯。

就智利而言，从1879年之后的情况来看，这次的冲突已经显示出这个国家另一种精神资源，必要时可以当作一种力量，媒体能很好地引导这股力量，只要适宜诉诸情感就能动员公众舆论。这就是1879年发动对抗秘鲁与玻利维亚战争时发生的事情，方法非常奏效，不仅将私人恩怨转化成了国家事件，还招募到成千的志愿者，愿意奔赴祖国国土之外的地区去战斗。

对抗西班牙的战争也明显地暴露了智利国防能力的低下，秘鲁则不同，已经拥有了一支可敬的舰队，还在战斗中俘获了两艘大船。因此，尽管智利民众充满了信心与爱国热情，智利政府也不想再次体验西班牙战争中悲惨的经历，开始着手收购战舰，在多年之后用在了对付秘鲁与玻利维亚的战争之中。

边境争端

美洲国家取得独立以后均按照"占领地保有原则"界定领土边界，也就是说，新成立的国家拥有从西班牙获得解放的领土的主权。在美洲各个共和国成立的初期，大家都忙着巩固独立成果、稳定政府组织，没有精力关注边界问题。直到共和国组建告一段落，大家才纷纷意识到边界领土丰富的自然资源，争端才开始爆发出来。

智利的领土争端始于19世纪40年代曼努埃尔·布尔内斯将军执政期间，争端出现有两方面的原因：一是智利执政者想要巩固南方边界的主权，引起了阿根廷的注意；二是越来越多的智利先驱者朝北部扩张，引发了玻利维亚人的声讨。

智利与阿根廷的争端始于1843年智利政府在麦哲伦海峡建

立布尔内斯堡垒，后来又建立了城市蓬塔阿雷纳斯，阿根廷提出抗议，辩称该地区的主权应归阿根廷所有，双方的冲突就是从此开始的。在智利与阿根廷试图解决麦哲伦海峡与巴塔哥尼亚地区的领土纠纷时，智利境内开始盛行巴塔哥尼亚地区缺乏经济价值的说法，特别是从智利进入该地区的自然屏障，更是加深了这种认识。

在中断了很长一段时间之后，1872年，智利邀请阿根廷恢复边境谈判，谈判以失败告终，智利将精力集中到了与玻利维亚的冲突上。直到1881年，在剑拔弩张的背景之下，智利与阿根廷签订了第一份边境条约，该条约至今仍然有效。

条约界定了两国之间的边境界限，条约规定，南纬52°以北的地方都以安第斯山的最高峰及其分水岭作为两国界线，如果出现划界分歧应交由双方都认可的专家解决；麦哲伦海峡为中立地区，主权归智利所有，永久保证各国船只的自由通行；火地岛地区则被划分给两国，比格尔海峡以南及火地岛西部的岛屿都归属智利，如果出现划界分歧应交由友好的权威者仲裁。

1881年签订的条约还是造成了一些问题，为了解决问题，1893年双方又签订了补充协议，确定了以安第斯山脉最高峰及其分水岭作为边界，且智利不得涉足大西洋，阿根廷不得涉足太平洋。但问题仍然存在，于是1896年4月，双方又签订了一份补充协议，指定英国女王为出现分歧时的仲裁者。

智利与玻利维亚的争端始于1842年，因为智利政府宣称南纬23°以南的天然鸟粪场归属智利，但玻利维亚人声称智利的主权范围只到达南纬25°。在南纬23°到25°之间的领土之争引发了一系列冲突之后，双方在1886年签订了一份协议来解决纷争，协议将南纬24°纬线定为分界线，并规定南纬23°到25°之间的资源财富应由双方共享。

该协议因为无法实施被双方驳回，1874年，双方同意签署一份新协议，新协议依然将南纬24°纬线作为分界线，并禁止玻利维亚在25年内对已在南纬23°到25°地区运营的智利企业提高税收或新增税种。

太平洋战争

让智利与秘鲁和玻利维亚针锋相对的不只是边界问题。太平洋战争实质上是一场经济冲突，这是一场硝石战争，秘鲁在其中起了主导作用。

19世纪70年代初期，秘鲁经历了一场严重的经济危机，促使它迫切地想要垄断硝石的生产，但这个计划受到了安托法加斯塔硝石存在的阻碍，且在安托法加斯塔开采硝石的大多为智利人。

为了改变这种状况，秘鲁试图与玻利维亚达成协议，而玻利维亚正好想否认1866年与智利签订的协议，取得冲突地区的绝对主权。于是，两个国家在1873年签订《秘密条约》，约定如果战争发生，双方即达成同盟关系。

1878年，玻利维亚无视1874年与智利签订的协议，下令向在安托法加斯塔的硝石公司征收每百磅十美分的硝石出口税，智利企业当然拒不缴纳，向智利政府寻求帮助。玻利维亚坚持征税意味着1874年的协议破裂，智利认为它也有权实现最早的领土诉求。于是，智利军队登陆了安托法加斯塔并占领了该城市。

太平洋战争从1879年持续到1883年，期间发生了许多持续时间很长的战役。第一场是1879年2月13日的安托法加斯塔战役，智利占领了安托法加斯塔，随后向卡拉马（Calama）进军。海战是战争中最重要的部分，因为对海域的控制是这场斗争的根本。

智利军队的第一个行动是封锁秘鲁的伊基克港，阿图罗·普拉特（Arturo Prat）上尉和他带领的士兵在这场战斗中向全国做出了模范表率作用，秘鲁在这场战斗中失去了独立地位和一艘最好的战舰。1879年5月21日，伊基克战役之后，瓦斯卡尔号（Huáscar）在海军上将米格尔·格劳（Miguel Grau）的指挥下，袭击了智利的港口和船只，引起了一场激烈的战斗，造成了智利的重大损失。但最终，1879年10月8日，瓦斯卡尔号在阿卡莫斯

（Agamos）战役中被智利人截获，这场战役也确立了智利在海上的主导地位。

陆地上的战役也不少。塔拉帕卡战役始于1879年年底，通过这场战役智利占领了该省。在塔克纳（Tacna）与阿里卡的战役中，12000名智利人登陆伊洛（Ilo）港，然后朝塔克纳进发，在那里展开了袭击。后来，智利人还袭击了阿里卡的莫罗（Morro），取得了对该区域的全面控制。在这场战役之后，玻利维亚军队退出了战斗，智利直接向秘鲁首都挺进。利马战役从1880年11月开始，26000名智利士兵登陆秘鲁首都南部，米拉弗洛雷斯（Miraflores）战斗之后，利马被占领。

塞拉利昂（Sierra）战役发生在秘鲁安第斯山区，是最血腥的战役之一。德烈斯·卡塞雷斯（Andrés Cáceres）领导了这场小型却灵活的战役，精准地袭击了驻扎在内陆的智利军队。不过在1883年7月，卡塞雷斯在华马楚科（Huamachuco）被击败，将太平洋战争引向了结束。

在塞拉利昂期间，在智利军队的保护下，伊格莱西亚斯（Igelesia）将军政府在秘鲁成立，因为伊格莱西亚斯政府愿意和智利开展谈判达成协议。1883年10月20日，双方签订《安孔条约》，根据条约，秘鲁将塔拉帕卡省永久地割让给智利，将阿里卡和塔克纳省的管理权移交给智利10年，10年之后，由公民投票决定各省是继续归智利管辖还是归还给秘鲁。但公民投票从来就没有举行过,直到1929年,智利和秘鲁才就此事达成协议。

1884年4月4日,智利与玻利维亚签订《停战协议》,结束了玻利维亚的战争状态。《停战协定》约定停止南纬23°到洛阿(Loa)河河口之间领土的战斗,该区域的行政管辖权归智利。

太平洋战争对智利产生了多方面的影响。从制度层面来看,战争加固了它的社会模型,特别是巩固了这个国家在南美洲舞台中独特的自我认知。秘鲁的历史学家豪尔赫·巴萨德(Jorge Basadre)在他最杰出的一篇文章中就这样宣判了秘鲁的失败:"秘鲁和玻利维亚付出了沉重的代价,一方面是付出了政治混乱的代价,另一方面付出了经济动荡的代价。"

从领土的层面来看,战争让智利的领土得以朝北扩张,不仅接管了阿里卡,还接管了盛产硝石的塔拉帕卡和安托法加斯塔。智利对玻利维亚和秘鲁领土的占领也引发了一些争端。普纳·德·阿塔卡玛(Puna de Atacama)的争端从玻利维亚转移到了阿根廷,该地区是1884年《停战协议》划分给智利的领土中的一部分。1889年,智利与阿根廷就普纳·德·阿塔卡玛发生了争端,请来了美国驻布宜诺斯艾利斯大使进行调解,面对怎么也无法达成协议的双方,大使只得将这一地区分隔开。

从经济层面来看,太平洋战争将智利变成了世界上唯一的硝石生产国，获得了不为人知的财富。在战争之前，就有许多智利资本家和工人参与秘鲁和玻利维亚的硝石产业中。从1850年起，智利人和英国人开始介入塔拉帕卡的硝石产业，对硝石生产的技术改革做出了很大的贡献，提高了该产业的盈利水平。战争结束后，智利政府决定将所有的硝石企业都私有化，当时有些人接管了非常重要的部分，如英国人约翰·诺斯（John North）。国家对硝石出口征收关税，从而创造了丰厚的财政收入来源，不仅让智利政府偿清了因战争欠下的债务、有足够的经费维持自己的军事力量，更重要的是，有了足够的资金来发展和扩大教育系统和建设公共服务工程，如修建公路、灌溉系统、铁路和公共照明系统。

从长期的社会发展角度来看，硝石带来的财富影响了一些社会习俗。这种轻易得来的财富在一定程度上削减了曾经推动这个国家发展的创业精神，比起开创新的产业，现在的精英阶层更加注重对经济成果的享受。

-11-

自由社会

社会与文化扩张

在智利,带有典型殖民特征的以农耕为基础的家长式社会一直持续到了19世纪中期,然后逐渐转变为以采矿、商业和银行业为基础的资本主义社会。充满活力的经济不仅催生出了新的社会阶级(资产阶级、中产阶级和无产阶级),还强化了以自由主义伦理为标杆的新文化,这种文化最终使资产阶级的统治地位合法化,并在世纪末发展成了与大企业家关系紧密的寡头统治,通过趋向个人利益的政治体系和公共措施控制了公共权力,当时普遍的贿赂现象和货币及信贷政策都证明这一点。

19世纪下半叶,社会阶级得到了巩固,表现出了社会流动性和民众对造成阶级划分者的不满与批判。所有人都渴望提升自己的地位，财富、教育和提供服务是提升社会阶级的手段。自由主义给欧洲化特征明显的智利社会打下的烙印，让资产阶级占据了社会群体的主导地位，没有能与之抗衡的力量。

资产阶级是采矿、商业和银行业发展的产物，起源于商业世界。农业已经不是唯一的，甚至不是主要的财富来源了。资产阶级是银矿、铜矿、煤矿和硝石矿的主人，这些人也是银行、工厂和企业的所有者，国内和国际贸易的操控者，又或者是土地的拥有者，即便土地没有给他们带来巨大的财富，也带来了社会威望。

资产阶级依靠经济上的成功拥有了高社会地位，他们有一种政治自由捍卫者的心态，反对总统专制、反对教会影响、反对殖民时代流传下来的传统贵族的保守思想，所以他们一旦掌权，就对国家机制进行了深刻的改革，扩大权力范围、限制共和国总统的行动、支持国民议会。

智利中产阶级的诞生源于国家的经济发展、教育扩张、国家职能的扩张，以及对中间服务的需求和外国人的到来。该阶层的构成者包括高级的手工匠人、商业雇员、铁路工人、矿场技术人员、公职人员、军官以及公共教育系统中的专业人士。在中产阶级的形成过程中，国家在整个19世纪开展的教育工作具有特殊的意义，它的成果之一就是让自由主义观念成为社会主流，这一点可以从社会文化中的人类自由要素看出；教育也使社会地位低微的人提升阶层成为可能，是驱动社会发展的一辆马车。集中在城市的中产阶级最初并没有自己独立的身份，他们只是模仿高层群体，没有能力为自己做规划，只是参与资产阶级的计划和政治诉求，也就是获得权力、控制经济活动。

矿场、码头、铁路和城市是工人阶级发展壮大的地方。无产阶级主要集中在圣地亚哥、瓦尔帕莱索和康塞普西翁，是经济发展带来的人口从乡村向城市迁移的结果。然而，无论是在城市还是矿场（如北部的硝石矿和罗塔的煤矿），糟糕的生活条件都让无产阶级过得十分压抑，他们的生活条件与乡村里的短工和佃户没有太大的区别，这些农民也受到庄园主严厉的控制。

工人阶级在整个19世纪都没有任何政治代表，也没有创建过任何具有维权性质的团体，只是有一些互助性质的团体针对某些情况开展维权行动。这些互助团体主要帮助工人及其家人获取医疗援助、物资支援和指导。直到19世纪末，才出现了第一批为工人低下的劳动收入和糟糕生活条件而斗争的工会。

通货膨胀让无产阶级原本就糟糕的生活条件越发下降，导致了1880年的第一批无产阶级抗议活动，这些抗议活动不仅没有得到回应，还遭到了武装镇压，政府则称镇压抗议活动是为了维持社会生产活动的正常秩序。

到了19世纪末，无产阶级的问题从社会问题演变成了政治问题，特别是在北部矿区和主要的城市中心，工人高度集中的地区。在城市中心优雅的街区周围，穷人开始安家落户，这些穷人的典型住所通常由共用的走廊或庭院以及两个或多个独立房间组成，每个房间被出租给不同的家庭。

文化领域也受到了自由主义思想的影响。推崇自由主义的知识分子主导了精神文化的创造，从他们的队伍中诞生了杰出的历史、小说和诗歌作品。自由主义的思想主要是通过报纸、教育、政治辩论、历史和文学作品传播的。这种学说及其意识形态的传播也惊动了上层阶级，他们掀起了一场通过教育、节俭和教化"使民众新生"的运动。

资产阶级的思想是现实主义的，表现为务实和功利，以及开明和主张进步，推崇科学与发展。他们对知识和艺术的表达有着欧洲精英的风范。

圣地亚哥的建筑作品就是资产阶级对霸权的表达之一。我们以法国为例，资本家修建起奢华的私家住宅和华丽的公共建筑，改变了首都的外观、街道照明等，公共设施开始拥有一些现代城市的特点，这些都是资产阶级掌权的标志。

国家积累的财富为资产阶级建造奢华的建筑提供了可能，19世纪末，这样的建筑在圣地亚哥大量涌现。阿尔罕布拉府、科西尼奥府（Cousiño）、乌尔门内塔府（Urmeneta）都反映出统治阶级积累的大量的财富。

在此期间，国家也忙着建立和维持覆盖全阶段的教育机构与体系。在这一时期，公共教育经历了重大变化，教育机构数量和入学人数都大有增加。在高等教育领域，相关的法律条规在1879年颁布，这意味着大学的专业性质和它对中学教育的监督作用得到了强调。

这一过程非常重要，因为1874年选举法改革后扩大了选举权的范围，只要会阅读写字的人就能参与投票，而之前关于财产和收入的要求让很多人受限。

女性教育的发展是自由主义推动的另一项进步。1877年，女性被允许进入大学，与此同时，一些别的公共教育机构也开始对女性开放，如高中和职业学校。私营的教育机构的数量也在增长，新私立中学的建立和1888年天主教大学的奠基都是私营教育机构扩张的表现。

对学龄人口多年来的统计显示，1864年，适龄儿童中男童接受初级教育的比率为13.8%，女童接受教育的比率为7.3%；随着社会教育观念的进步，1880年时，适龄男童接受教育的比率降到了12%，适龄女童接受教育的比率上升到了12.2%。

19世纪的初级公共教育虽然还有些没有覆盖到的地方，但总的来说覆盖范围已经非常广了，这让乡村人口也能接受教育。然而，直到19世纪末也只有不足20%的适龄儿童进入学校，这个数字已经包括了接受私立教育的儿童数量。

教育研究所的建立，为国家输出了一批德国裔的教师，这是另一个里程碑。1889年，该机构开设的教室对智利的教育现代化、国家的文化发展以及智利对美洲文化的贡献都产生了深刻的影响。

在教育研究所建立之前，教师都是从杰出的专业人士中选拔出来的，但这些人缺少作为教师必不可少的知识。大多数教师只是监督他们的学生从书本中死记硬背，公共文化与教育部意识到教师队伍教学方法的缺失，决定成立教育研究所。研究所被分为两个部分，高等人文学科和科学。哲学、科学、教育理论与实践、体育和宪法基本原则是未来的教师们需要进修的方向。

为自由而斗争

智利在19世纪的后三十来年经历了一些政治变化，主要表现为统治阶层中出现了竞争，更多差异性的意识形态出现，扩大了选举范围选举权却依然局限在少数有经济实力的群体中。宪法的自由化改革通过缩小总统的权力范围，保障了宪法的基本权力，一系列法规的颁布降低教会的影响力，这些都是这个社会的主要政治目的，虽然它参与政治的程度依然有限，但已经开始通过组建政治团体的方式参与。

到19世纪中叶时，两个重要的政治阵营已经形成了：保守派和自由派。保守派是秩序与专制政权的支持者，主要由传统贵族构成，他们希望维持1833年的宪法中的总统专制制度。而自由派主要由资产阶级构成，他们反对总统的绝对权力，希望削弱总统的行政权力，加强立法机关权力，是为1833年宪法改革而斗争的一群人。

这些团体逐渐形成了不同的政党，他们关注的根本问题有维持以及限制总统的专制权力、政治-宗教正义和国家的货币政策。当政党企图动摇共和国总统绝对权力时，意味着19世纪下半叶形成的政党制度是国家政治演进中的关键变化，在此之前，总统是最大的权力拥有者、国家的主要行动者和政治活动的中心。直到政党出现才逐渐削弱了总统的影响力。

与教会联系紧密的保守党也在这一过程中诞生，它是教会在国家面前的捍卫者，也是专制政府的拥护者，主张通过限制公共自由的法律来控制社会生活，在经济问题上主张自由与进步。19世纪70年代，当对手为了自由与个人权力而战时，保守党坚决地为总统的权威而战斗。

在意识形态上起源于专制的国家党虽然是经济自由主义的狂热维护者,但没有明确的政治计划,也没有像自由党和激进党一样成为反教会者,要求国家统治凌驾于教会之上。

自由党的基本目标是实现所谓的个人自由。而激进党则是为社会去宗教化和民主化而奋斗。激进党推动了深刻的社会变革,促进了国家教育的发展,是最好的代表了中产阶级愿望的党派,它提出的自由、去教会的理念都得到了中产阶级的热情拥护。

1887年,激进党中分裂出的一支成立了民主党,民主党最初的目标是实现人民的政治、社会和经济解放,捍卫工人的权力和中产知识分子的利益。他们反对经济自由主义,强烈捍卫国家在经济活动中的参与作用。

在智利,社会的分裂并没有在政党中体现出来,但民主党除外,民主党的成员大多是社会经济与政治文化素质相同的人。因此,各政党的形成更多是民众对国家问题看法不同的结果,而不是不同经济状况造成的差异群体。各个政党只是表达了精英阶层对政治制度的要求,远非互相冲突的经济利益诉求。在保守党、自由党、激进党和民主党不同的名字与观念背后是相同的文化、思想与主张,都满足了共同想象的一个由传统贵族和大资产阶级构成的寡头统治阶级。

让精英阶层产生分歧的主要原因是他们的出生和家庭传统,

是出生于传统贵族还是资产阶级，因为传统贵族的政治权力正在被稀释，渐渐地被排除在权力集团之外。在这种情况下，要想取得参与国家决策的权力就应诉诸立法，而不是靠个人或团体或其他任何工具。太平洋战争之后智利的权力之争其实是少数人之间的斗争，源于同一经济与社会阶层的派系斗争，在国会中以不同的政治党派标榜自己。

他们之间的分歧导致的1891年内战表明，不管这些精英阶层的意识形态和政治规划如何不同，这些人都更加倾向于维持现有的政治体系赋予他们的权力。他们想要维持等级制度，从上层控制进入上层阶级的入口，只有得到精英阶层认同的人才能进入。当他们意识到政府试图变得独立并不顾及他们的利益时，他们开始为了控制政府而战。因此在1886年至1891年总统何塞·曼努埃尔·巴尔马塞达（José Manuel Balmaceda）当权期间，他们坚决维护总统的绝对权力。

自由主义在智利追寻政治自由和个人平等的时候遭遇了总统专制主义的对抗。自由主义将人作为利益中心，因而关注个人权利的保障。反教会者在试图削弱教会在社会中的影响力时也遭到了教会的反抗。

自由主义思想也影响了议会制度的建立，这一趋势从1861年开始在智利展现，从一开始的不稳定与起起伏伏，到越来越坚挺，直到1891年最终确立。

19世纪中期之前，保守派的主导地位让任何宪法改革都不可能实现。然而，19世纪下半叶的国家现实让改变政治与社会制度的需求愈发明显，不是因为别的，而是资产阶级和自由主义政治思想占据了主导地位。1861年到1871年，何塞·华金·佩雷斯（José Joaquín Pérez）总统当权期间，人们意识到了修改1833年宪法来削弱总统权力的必要性。

宪法改革始于共和国总统连任规定的修改，规定从1871年起，总统不得连任。1874年，宪法中又新增了三条规定，保障民众拥有无需事先通知自由进行集会的权力，以及自由接受教育的权力。又一项新的改革确立了国会在律法上对总统"特殊权利"的控制权，国会应当对总统"特殊权利"行使的期限与要求作出规定，明确总统在具体期限内行使的权力范围，至此，曾被总统控制的强权机器被拆毁。1882年，宪法改革的机制得以简化。限制选举制度被废除，这些都进一步限制了总统的权力，让国会更加受益。

与宪法改革同样重要的是对宪法的解释，因为宪法逐渐被视为是议会制。所谓的定期法规的存在导致了这种解读，因为总统只能在这些定期法规的基础上批准税收的使用，确定国家预算。

自由党将教会视为一个倒行逆施的机构，认为教会的存在限制了个人和社会的发展。这一趋势在1865年国会上关于宗教自由的辩论中就已经体现了出来。1883年到1885年间，政府颁布了关于婚姻、民事登记和非宗教丧礼等所谓的"非宗教法规"，不仅限制了教会在公民洗礼、婚姻和死亡方面的传统干预，还导致了智利政府与罗马教廷任命的圣地亚哥大主教之间的决裂。选举问题是自由主义的另一个基本问题，自由主义奋斗的目标是让民众在没有政府干预的情况下自由地表达政治观点和立场。

1874年，新的选举法颁布，将选举事宜交由主要纳税人委员会负责（Juntas de Mayores Contribuyentes），这样总统再无法操控选举。限制投票制度被取消，选民人数扩大。还有一个重要的变革是关于教育自由的：1872年，一条法令授予了私立学校组织考试的权力，取消了财政委员会对它们的监督，1874年，宪法层面也明确了教育自由的原则。

通过上诉改革，自由主义者摧毁了1833年建立的专制体制，并以国会作为堡垒，构建了能大部分确保寡头阶级的自由与权利的秩序，19世纪下半叶国内发生的变化都推动了自由主义的斗争和新政策的实施，如现代交通方式铁路的出现、显著的经济增长、社会多样化，以及在资产阶级、中产阶级和有组织的无产阶级中的政治自由与文化自由的扩张。

政策与铁路

19世纪智利铁路的发展对国家的整体发展有着重要的影响，19世纪50年代以后，智利社会结构中发生的变化大多数都与铁路的发展有着紧密的联系。

首先，作为交通手段，铁路在经济扩张的过程中发挥了运送原材料、粮食和产品的作用，因此它也是实现市场一体化的工具；此外，铁路还扩大了公共政治空间，使各区域的信息流通更加简单顺畅，在这方面影响了国家政治发展的进程。

在1876年的总统竞选中，铁路首次被纳入政治竞选的手段。那时候，不管是官方候选人阿尼瓦尔·平托（Aníbal Pinto），还是他的竞争者本杰明·维库纳·麦肯纳（Benjamín Vicuña Mackenna），都通过铁路在圣地亚哥与康塞普西翁之间往返。然而，直到19世纪80年代，准确地说是从1883年到1891年，铁路在总统何塞·曼努埃尔·巴尔马塞达总统的手中成了政治行动中的特权工具。

巴尔马塞达在担任多明戈·圣马里亚·冈萨雷斯（Santa María）总统政府国务部部长时就经常前往全国各个省份，几乎踏遍了全国的领土开展政务，所以他深刻地意识到了铁路的重要性，当巴尔马塞达任总统时，国家以极快的速度修建铁路。硝石矿带来的丰厚财政收入以及铁路为国家发展起到的重要作用解释了国家的这一行为。在1886年到1890年间，智利共规划建造并交付公众使用的铁路几乎是1886年时2522公里的两倍。

巴尔马塞达不仅将铁路视为推动进步的工具，他还利用铁路开展了一项前所未有的政治活动，即在全国各地巡访，可以被理解为"不停歇的竞选"。铁路的存在让巴尔马塞达能够时常出访国内各个省份，在全国的领土范围内自由穿梭。

铁路给巴尔马塞达带来另一个好处就是将他的形象与名声带给社会。国家修建铁路的步伐不仅给了领导人经常在内地往返、研究布局、开辟新工程的机会；还将领导人的名字与他领导的政府（1886年到1891年）与那些带来巨大好处的工程联系了起来。大多数的史实记载都证明了这一点，这些记载也反映了巴尔马塞达政府通过铁路创造的公众形象为其带来的政治红利。铁路对国家建设方方面面的作用都强化了当权者的形象，也有助于督促国家工程的建设。

铁路与普通公众生活密切，火车的路过给沿途的村庄带来了新的生活节奏，火车的临近给人们带来的躁动以及它的存在对生产、服务和政治带来的改变，无疑改变了整个国民生活，改变了传统缓慢的生活节奏。出行变成了家常便饭，不再是什么稀奇的事情。

铁路凭借其广泛的线路延伸、在主要中心城市的全面布局、高载货量和高使用频率，与电报、蒸汽船等其他通信与运输手段一起实现了国家在交通上的整合统一。智利的铁路线以一条南北纵横的中心线为主线，还修建了数条从安第斯山到海岸的分支线路。

铁路在人们的意识和概念中缩小了这个国家的空间尺寸，将曾经认为遥不可及的距离缩小了。巴尔马塞达在谈到铁路的整合作用时这样说过："如果大自然用一堵石头墙将我们与东边的世界分开，却向我们在广阔的海洋上提供开展贸易的机会，我们应该继续完成大自然的工程，将陆地上的道路也打通，使之统一起来。"巴尔马塞达还说过，"火车头带着它的钢铁车厢在山谷与高山之间，克服了大地的曲折与沟壑，打开了一道长痕，让货物无阻地流通"。

健全的交通系统给了政客们充足的发展羽翼的机会，就铁路线路而言，从最北部的城市一直覆盖到了阿劳卡尼亚地区，而海运则可以把他们送到更远的地方。除此之外，新的交通系统也让政客们可以在新的空间开展他们的政治社交，这是对政治家十分有利的事，就像巴尔马塞达表现出的那样，他对在各个省份间游走充满了热情。

巴尔马塞达总统在他大量的旅行中投入了许多精力，从中享受了总统共和制带给他的权威和尊严感。他频繁地采用新的交通工具，有时会给财政部带来一大笔开销，这一做法在那个时代大家还不太能理解，因此遭到过不少批评。不过他的做法为铁路的使用带来了好处，政府代表登上火车的行为总归会被当作是充满荣耀的特殊事件，不仅仅是因为登上火车的人物，还因为这一事件创造的一种奇观。

车身被智利国旗装饰着的火车，伴随着车头冒出的烟雾和响亮的轰鸣声，在群众热烈的欢呼与乐队奏响的国歌旋律中驶入车站，从各个方面紧抓在场群众的感官，让大家久久地心潮澎湃。就这样，巴尔马塞达总统成功地利用了这个国家铁路发展所产生的神秘感，但也没能改变他悲惨的命运。

1891年内战

何塞·曼努埃尔·巴尔马塞达于1886年担任智利共和国总统，身为自由党人的巴尔马塞达在他的议员时代（1870年到1881年）一直为了反对总统专制而斗争。1881年到1886年，他在担任圣马里亚政府国务部部长期间推动了政府的自由改革。不过，当他当选总统之后，却专断地掌控总统的权力，拒不服从限制其权力的议会规则。总统这样的立场甚至遭到了他自己的政党——白由党的反抗，巴尔马塞达在上任几个月后就被自由党开除。总统孤立的境遇随着时间的推移越来越严重，在他执政的最后一年已经彻底孤立无援。巴尔马塞达总统被指控乱改共和国制度、干预选举、不听取人民代表与政党代表的意见，企图强行连任，到了19世纪90年代初，总统的这些行为已经到了无法被容忍的程度。

巴尔马塞达利用硝石带来的巨大财富开展的工程建设让有的地区的民众从中受益，而他经常往返于这些欢呼雀跃迎接他的省份的做法也受到公众舆论的厉声谴责，特别是圣地亚哥。舆论犀利地将他的行为解释为以推进公共工程建设为由战略性地赢取民众支持，从而对抗政党和议会。

1890年末，议会为了纠正巴尔马塞达的行为，拒绝批复1891年的预算法，国家领导人与议会之间的纠纷演化成了一场危机。总统回应要沿用前一年的预算，议会决定将总统撤职，巴尔马塞达为了保住自己的职务，开始着手登舰，国家两大权力阵营的正面交锋开始了。

大部分签署了总统罢免文书的议员都转移到了北部，试图封锁硝石港口，防止政府获取资源。控制了智利中部和南部的巴尔马塞达采用了一系列强硬的手段来镇压叛乱：组建新议会、关押反对者和记者、强制募兵等，这些手段在战争中没有起到任何的作用，只是让他更加不得人心。

革命者组织了一支万人军队，朝国家中部进发，在中部与政府军相遇了。1891年8月21日和28日，双方在康孔（Concón）和普拉西亚（Placilla）进行了战斗。革命军取得了压倒性的胜利。巴尔马塞达的军队死伤近8000人，占军队总人数的三分之二。在得知自己战败之后，巴尔马塞达交出了自己的权力，逃往阿根廷大使馆避难，1891年9月19日，他在那里结束了自己的生命。

1891年的冲突演变成内战有诸多原因。政治方面，智利自由主义的发展迫切地需要打破总统强权和总统对选举的干预，这是资产阶级在1891年的斗争中最主要的旗帜；经济方面，巴尔马塞达总统想要将硝石财富资本化并分配到全国各地，控制通货膨胀，严重违背了统治阶层里盛行的自由主义和个人主义精神，大多数统治阶级只想安逸地享受财富。巴尔马塞达极力推行的公共工程建设削减了大量的农业劳动力，庄园主不得不向短工支付酬劳才能将他们留在庄园，这是另一个引发争议的地方。

资产阶级在19世纪陆续组成政党，通过国家议会发声，展示他们的影响和力量，到1891年，资产阶级想要控制国家的意愿已经表现得很明显了。

1891年的内战解决了智利国家政治发展中出现的矛盾，表面上宪法改革的结果是总统权力被削减、议会更占优势，但事实上在经济方面恰恰相反，硝石出口带来的丰厚财政收入给智利政府和它的总统领导人带来的权力越来越大，且都被掌握在总统手中，触犯了议会中的寡头们的权力。如果说太平洋战争是一场关于硝石的国际争端，那么1891年的内战就是关于硝石资源的内部争斗，谁控制了硝石，谁就掌握了权力。

十九世纪的智利

1888 年行政区域划分

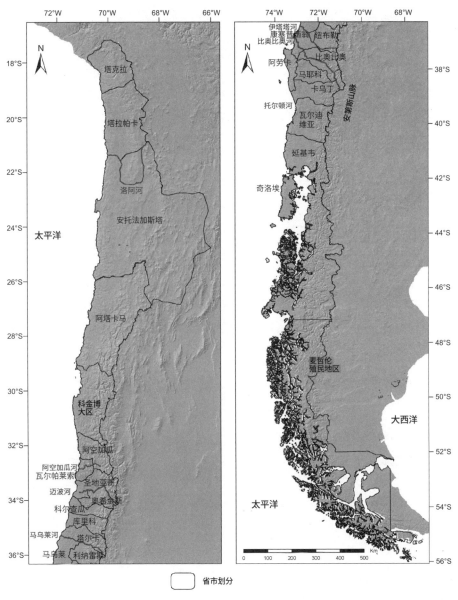

-12-

自由制度的危机

议会制

国会议员在1891年的内战中取得胜利意味着议会制度的建立，在这一制度下，被寡头们控制的议会拥有凌驾于总统之上的权力。国务部部长的频繁轮换是这一制度的一大特点，因为国务部部长必须得到大多数议员的信任，而这一点非常难保障，所以国务部部长不停地被撤换。

在公众看来，总统已经不再是国家的主角，成了一个"无能"的角色、一个"装饰元素"、"角落的石头"，或是"不管事的木偶"，这些都是当时经常被用来形容总统的词语。

资产阶级在资产得到巩固可以无忧无虑地享受财富时就变成

了寡头，他们通过政党和国会主导政治，利用议会推翻国务部部长并干涉政府行为，试图指导总统制定政策。政府为了获得多数议员的支持，陷入了毫无意义的党派斗争之中，这阻碍了他们制定长期政策，给国家造成了严重的破坏，也使得政府不能有效地应对日益加剧的社会动荡局面。

政治干预行政、社会无序、政治腐败，以及政府在捍卫大众利益时的无能表现是这一时期广泛存在的弊病。宪政却十分有序，社会政治参与度扩大，没有出现过军事独裁，在自由与宽容的环境中，边境问题得到了解决。

政党之间的斗争演化成了个人权力的斗争，完全抛开了教义论据。各个政党和他们提出的规划本质上没有什么区别。1891年颁布的《区域自治法》，扩大选举范围、杜绝总统干预选举，这些行为都为寡头通过行贿和购买选票主导政治提供了机会。因此，只有那些能为选举提供资金支持的人才能获得议会中的一席。

由部分资产阶级和传统贵族组成的保守党与天主教会有着密切的关系，经济自由的保守党只是鼓励用慈善和赈济来解决所谓的"社会问题"。自由党中大多是富裕的中产阶级，他们继续捍卫自由和维护宪法改革，对社会问题并没有表现出关心。由巴尔马塞达派的旧部组成的自由民主党则想推选强有力的执政者，并实现政治机构的去宗教化。

激进党是最关心社会问题的党派，他们受政治家瓦伦丁·勒特里尔（Valentín Letelier）的影响，将一些社会主义的概念融入了他们的计划之中，想要解决社会中落后阶层的需求，但在这方面几乎没有取得任何成果。

议会制时期取得的一个积极成果是解决了19世纪以来悬而未决的国际冲突问题。自1884年与玻利维亚签订《停战协议》以来的问题在1904年通过签署《和平协议》得到了解决，后者确定了智利对《停战协议》中涉及的土地的永久绝对占有权。

而智利与秘鲁在1883年签署了《安孔条约》之后，塔克纳与阿里卡地区的问题一直没有解决，确定该地区归属的公民投票一直没有实现，直到1922年，政府才开始新一轮谈判，谈判的结果是1929年双方签订《利马条约》，条约规定塔克纳归还秘鲁、阿里卡则划归智利，并确立了一条名为康科德线（Línea de Concordia）的新边境线，条约还规定，在没有事先协议的情况下双方政府都不得将条约涉及的领土转让给第三方。

社会形势

在1891年到1925年间，社会群体发生了重要的转变。这些转变不仅是地方发展的结果，也是世界性的工业发展的结果。国家经历的经济扩张及工业进步加速了城市化进程，也促成了中产阶级的巩固和寡头统治阶级心态逐渐变化。

在政治方面，自由主义的发展让更多的公民参与政治，虽然力量薄弱，但社会中最弱势的群体在国家政治中的参与度也在增加。通信的发展让世界变得更小了，缩短了距离使经济联通起来。全世界变成了一个统一的大市场，一场危机就能祸及所有的人。

科学与技术的进步加上教育的发展改善了一部分人的生活条件，让他们相信自由主义正在推动社会进入持续进步的新阶段，而且进步将惠及所有社会阶层。然而，到了19世纪末期，自由社会中一些令人不安的症状和严重危机开始显现出来，这些不安与危机注定将自由社会推向结束。

随着新世纪的到来，智利出现了严重的社会、经济、道德和政治危机，被称为"百年危机"，造成这场大危机的原因有很多：通过硝石轻易取得的财富改变了资产阶级的习惯，将追求奢侈享受与个人成功放在了第一位，背离传统道德的新价值观被树立起来，引发了严重的道德危机；议会制度造成的政府效率低下加剧了社会问题；比索的持续贬值导致中产阶级与无产阶级群体日益贫困，造成了社会极大的不安情绪；周期性的经济危机打击了国民经济，造成大批人失业、硝石出口量减少，无产阶级难以度日，而政府部门未采取行动改善他们状况。

到了20世纪初期，一小部分寡头精英垄断了政治权力、社会权力和经济权力，而其他大部分人都在权力与利益的边缘挣扎求生。双方的鸿沟没能让寡头精英意识到大多数人的社会经济状况的严重性。社会危机很快就出现了。中产阶级、无产阶级和从农村迁移到城市的人口是遭受危机影响最大的人群。社会中的一系列混乱造成这些群体滋生暴力，被统称为"社会问题"。

生活条件的不稳定和城市的诱惑让许多农民从农村迁移到城市以寻求更好的收入，但由于找不到工作或是只能找到薪水很低的工作，许多人数繁多又没有钱的家庭就居住在拥挤的大杂院里，这里的房间人满为患，没有排水系统，没有饮用水也没有电。在这样糟糕的卫生条件下，很快就出现了疾病和流行病，再加上人们酗酒和嫖娼的恶习，普通大众阶层遭受了非常严重的损害。

为了寻求更好的生活机会，许多工人前往北部硝石矿谋生，然而令他们失望的是，矿上的工作格外艰苦，每天都要工作12到14个小时，而且工作的危险性非常高。恶劣的生活条件、疾病的肆虐，再加上通货膨胀和繁重的工作，很快就出现了暴力事件，而当权者只是一味地镇压工人。

面包和肉类等基本产品的价格持续上涨，在当局漠不关心的情况下，工人骚乱和社会经济性质的冲突开始产生。罢工、攻击公共及私人设施、集会抗议成为家常便饭，通常以暴力收场，在这样的背景下，瓦尔帕莱索发生了一场带走3000人生命的大地震，1907年伊基克圣玛利亚学校发生大屠杀，许多妇女、儿童和工人在事件中死亡，这些都是国家社会矛盾冲突中的标志性悲剧时刻。

在结束了独立百年的庆祝活动之后，残酷的现实让无产阶级领导人和政治家路易斯·埃米利奥·雷卡巴伦（Luis Emilio Recabarren）在一篇文章中这样写道：富人与穷人在经历一个世纪的共和国生活之后的今天，1910年，资产阶级已经有了明显的进步，而最底层的阶级仿佛还生活在1810年，我不禁要问，这些民众怎么才能融入独立百年庆典的欢乐气氛？

为了应对社会的动乱、消除迫害与不公，占主导地位的寡头政治家不得不将保护落后群体的法律法规纳入议程。1906年，政府颁布了一项关于提供工人住房的条例，使工人住房的建设成为可能；接着又颁布了有关商业雇佣、劳动事故、工厂中的婴儿保障、社会保障和铁路工人退休保障的条例。后来，1920年，在阿图罗·亚历山德里（Arturo Alessandri）担任总统后，就劳动合同、工人保险与工会组织等事项立法，这一系列所谓的社会立法体现了现代科学倡导的国家在经济中扮演的角色，也代表着政府的关注重点从经济领域开始转向社会领域。

脆弱的经济

20世纪初期，智利经济主要依靠其出口，特别是矿产品的出口。铜和硝石占了出口商品总量的三分之二，而这些矿产品的价格和需求量波动很大。对海外市场的依赖让这个国家在世界经济出现危机时变得脆弱不堪。长期的贸易赤字让局势变得更加严重，迫使政府向别的国家借贷，背负更高的公共债务才能增加财政预算。

国民经济的脆弱性也表现在不合时代潮流的社会结构上，例如当时的土地所有法，不仅导致了生产效率的低下，还阻碍了能够激发新生产力的、有活力的国内市场的形成，经济结构脆弱的其他表现还有投资的缺乏、初级生产部门生产力低下、本土矿产资源的开采主要靠外国资本、持续的货币贬值和收入分配不均。

第一次世界大战结束后发生的经济危机加剧了智利的困难和社会问题。让货币贬值、通货膨胀雪上加霜的是硝石出口量的减少及其造成的失业潮。

20世纪头几十年里发生的最主要的变化是智利对英国的经济

依赖被削弱，开始转向美国。这种变化实际表现为美国公司开始在智利的各个行业投资，如能源、城市交通，以及最基础的铜矿开采。在智利成为世界上最主要的铜生产国之一后，铜矿开采却遭遇危机停滞不前。20世纪10年代，美国公司开始参与智利的铜矿开采，特尼恩特（Teniente）、楚奇卡马塔（Chuquicamata）与伯特里约斯（Potrerillos）三大矿床开始投入生产，这三大矿床后来被统称为"大铜矿"。新的矿床使智利铜生产量从1906年的26000吨上升为1929年的321000吨。出口铜产品的价值超过了出口硝石的价值，从此以后，这种红色金属成了该国的主要收入来源。

文化与教育

在文化层面，能明显感受到法国文化的影响，在反映社会现实的文学作品中都能看到自然主义的折射。卡尔洛斯·佩索阿·威利斯（Carlos Pezoa Véliz）与巴尔多梅洛·里约奥（Baldomero Lillo）的作品展示了各个社会阶层的苦难，路易斯·奥雷科·卢克（Luis Orrego Luco）在他的一部小说中讲述了寡头政治的道德危机。

在雕塑与绘画艺术方面，出现了杰出的雕塑家阿尔贝托·瓦伦苏埃格拉·亚诺斯（Alberto Valenzuela Llanos）和维尔吉尼奥·阿里亚斯（Virginio Arias）。艺术中也反映出这个国家正在经历的变化：艺术家不再是只属于贵族阶级的特殊产物，他们大部分都来自上升的中产阶级。

20世纪也出现了新的生活形式。传统的以家庭、族长为中心的严肃生活被改变，取而代之的是更自由的、在公共场合更加开放的生活。美国电影和明星影响了时尚，女性学会了喝酒、吸烟，也改变了对美貌和生活方式的看法。例如，在上层阶级中，开始流行避暑、运动和去户外生活。

在20世纪的前几十年，教育方向也发生了转变，因为这时候社会开始讨论满足国家需要的教育应具备什么特征。许多人批判人文和书本的教育将年轻人与工作技术和经济活动隔绝开来，提出应该采用更适应经济生产活动的教育方式。尽管面临巨大的挑战，20世纪10年代的中学改革还是部分地推进了新的教育方向。

20世纪初期，根据1907年的人口普查，智利共有3220531人，小学入学人数仅为249073人，中学受教育人数为7190人。

要知道1854年时，全智利仅有186所公立小学，接纳学生10000人，20所公立中学，学生2000人；到了1902年，小学数量上升到1700所，学生人数达到120000万，40所公立中学共有9000名学生，可见国家对教育坚持不懈地投入。

从1854年到1902年，国家用于小学教育的财政投入增长了一倍，从1900年到1910年再到1920年和1930年，这个数目仍在持续翻倍，1920年，持续了近一个世纪的公共教育在采取了一系列的改革措施之后，开始经历更深刻的变革，也实现了教育系统的进一步扩张。

从19世纪40年代开始，国家就一直全力支持教育事业的发展，国家的基本目标是将公共教育作为实现文明和公共纪律的工具，当然，国家也希望学校能被受教育者接受和认可，让人们意识到接受教育对改善他们的社会状况至关重要。

国家在解决教育所面临的阻碍时采用了保护性和家长式的行为，努力减少学校被民众拒绝的可能性，这些努力经过半个世纪的演变，1920年出台了《初级义务教育法》，该法确保了所有国民都能享受免费的初级公共教育，并规定所有13岁以下的公民必须接受至少4年的初级教育。这项法律的出台进一步扩大了学校的学生人数。

1927年，在学校入学人数增长的同时，培养教师的师范学校的数量上升到了15个，这样每年有大约300名毕业生。这些进步让智利的文盲率从1907年的60%下降到1920年的49.7%，到1930年下降至25.6%。

在国家独立百年时普遍的批判声中，是中产阶级日益增长的野心,他们帮助国家实现了各阶层入学人数的增长,特别是小学。但在进步的同时也存在教育基础设施匮乏、教育材料受限制和教师收入水平低下的情况。

由于《初级义务教育法》的颁布没有取得预期的效果,为了使义务教育更加有成效,1929年政府又出台了一部新的法令将公民接受义务教育的年纪提高到了16岁,但农村人口除外,他们只需要上到小学四年级,除此之外,还禁止雇佣16岁以下未完成义务教育的儿童做工。

到了20世纪30年代初期,虽然教育发展已经取得了不少进展,但离共和国想要达到的"教育之国"的远景还是有很大的距离。主要是因为教育体系极度不公平,尽管已经取得了不错的成效,但它只是将城市精英教育得很好,精英阶层不仅不需要为他们所获的特权买单,教育成本通过税收的方式分摊到了所有公民头上。不过,公共教育制度的建立本身还是值得肯定的。

获得权力的中产阶级

中产阶级中的一些知识分子、作家和学者开始谴责自由社会中存在的不平等和剥削。他们用思想和作品规划着一个民族主义、平等、反教会、具有理性主义色彩的蓝图,支持强化政府在国家生活中的作用，认为政府不仅应该是经济发展的推动者，还应该是社会不平等状况的纠正者。

有了明确计划的中产阶级意识到了自己的力量，看到了寡头集团给国家带来的危机，准备争夺权力。20世纪的第一个10年过去后不久，他们就赢来了胜利。第一次改变是在1918年的议会选举中，代表中产阶级和无产阶级的政党组成的"自由同盟"取得了意想不到的胜利。

1920年的总统选举也与以往的选举不太一样。竞选者表现出了历史上前所未有的热切。自由同盟的领导者阿图罗·亚历山德里·帕尔马（Arturo Alessandri Palma）代表了小商业者、小工业家、农民、工匠、工人和一般中产阶级，他认为智利的局势迫切地需要能够解决冲突的政治和社会制度，否则冲突就会演化成破坏性的革命。

阿图罗·亚历山德里提出了一个内容明确的社会改革计划：建立强有力的政府、消除宗教牵制、改革宪法、制定社会性立法、稳定货币、建立劳动和社会福利部、提高妇女地位、切实执行《初级义务教育法》。他想要改变无能的资产阶级政府，避免社会冲突激化，恢复经济稳定，将影响全世界的新民主主义趋势引入智利。

亚历山德里在万众期待的背景下当选总统。但是，当时的条件并不利于他实现改革计划，国家的财政状况非常糟糕，国会的反对声阻碍了旨在克服困难的举措的实施。总统任期过去了一大半，国家还是没有任何预期的变化，社会动荡加剧，政治体制和总统的能力受到质疑。

1924年，代表中产阶级的军队行动了起来，他们厌倦了议会的效率低下，成立政府委员会，亚历山德里离开智利，国会被关闭。年轻的军官受不了缓慢的改革进度，废除了政府委员会，再次要求加强总统的权力。在军队的支持和法令的裁决下，亚历山德里回到智利开展了迟来的改革。其中最紧迫且意义最重大的是新宪法的制定。新宪法纠正了议会制度的弊端，加强了当权者的权力，接纳了许多关于社会改革的新概念，这也是该国大多数人想看到的。

虽然是在军方的强制压迫之下，1925年的宪法在公民投票中被正式批准，意味着议会制度的瓦解和一个更加现代化的总统制的重新建立。新宪法除了确立国家与教会的分离外，还提供了一些社会性质的宪法保障：保障工人的权利、在有必要时限制财产权、扩大国家在卫生和教育方面的职责范围。

新宪法还保障了教育的自由，明确了公共教育是国家首先要解决的问题，初级教育为义务教育，并设立公共教育监督部门，其主要职责是监督国家教育体系的开展。当权者希望通过上述规则的建立解决智利教育面临的主要局限问题，如它的高度选择性以及教育与经济生活脱轨、培养的人才不利于生产工作的问题。

基本宪章还建立了选举法院（Tribunal Calificador de Elecciones），负责总统、众议员和参议员的选举事宜，用代表制取代了累积投票制，扩大了选举范围。

除了制定新宪法，当权者还颁布了银行和货币改革政策，以稳定货币、抑制通货膨胀。这一目标通过建立中央银行和颁布货币法、银行法和预算法得到了实现。除此之外，当时还出现了一系列预算草案、一个监管国家收支、国家铁路和公共债务合法性的机构、一个专管国内税收的部门，如所得税、地产税、烟草税、公共演出和矿物出口税。这些机构都在20世纪成立。

20世纪头几十年开展的变革引发了统治阶级无法解决的社会动荡。这个国家大多数人口都被议会的动荡和经济困难压得喘不过气来，厌倦了传统的政治家，希望有一个强大的政府来结束社会动荡和权力真空的处境，给国家带来新的政治、社会和经济组织形式。

卡洛斯·伊瓦涅斯（Carlos Ibáñez）当选为执行强权的领导人，他是一位声名显赫的年轻军官，在阿图罗·亚历山德里在任时期就明确地表示过自己厌倦了这个国家政治制度的腐朽。在亚历山德里和他的继任者埃米利亚诺·菲格罗亚（Emiliano

Figueroa）相继离任之后，伊瓦涅斯以压倒性的选票优势当选总统。

在一帮主张国家发展新理念的工程师的协助下，伊瓦涅斯的管理工作在一片祥和的气氛中开始，这让他一系列重要的社会经济改革得以开展：建立共和国总审计局（Contraloría General de la República）、整顿公共行政、鼓励农业与工业发展、制定大量的公共工程计划。

随着时间的流逝和困难的出现，刚开始得到大多数人口拥护的伊瓦涅斯政府开始监禁和驱赶它的反对者，采取独裁措施，最终导致他在1931年7月丧失权力。伊瓦涅斯倒台以后，智利陷入了一年的政治混乱时期，包括意识形态斗争、军事干预和临时性政府，直到1932年才发生让国家恢复政治秩序的事情。

1932年到1938年，阿图罗·亚历山德里政府二次当权期间，智利面对两大首要任务：巩固民主制度和帮助国家从1929年的经济危机中复苏。在此期间，许多政治主张被重新制定。传统党派保守党、自由党和激进党吸收了20世纪初出现的社会与经济理论。另外还出现了一些新苗头，如法兰克主义和纳粹主义，左派则随着社会主义者和共产党的壮大而得到巩固。

中产阶级的年轻人还成立了两个新的党派：受意大利和德国法西斯主义启发的社会主义民族主义运动派（Movimiento

Nacionalista Socialista）和智利长枪党（Falange Nacional），后者后来更名为基督教民主党（Partido Demócrata Cristiano）。

在19世纪诞生的政治团体中，只有激进党的势力得到了加强。这支由官僚、专业人士、小企业家和农业从业者构成的政党代表了中产阶级，在1952年之前一直是智利的主要政党。保守党和自由党的势力渐渐衰弱，直到20世纪60年代彻底从政坛消失。

1938年，由激进分子领导的名为"人民阵线（Frente Popular）"的左翼联盟上台，解决了左右派政治力量之间的斗争。随着佩德罗·阿奎尔·塞尔达（Pedro Aguirre Cerda）的总统选举的开展，以激进党为主导的阶段开始了，激进党成为各种政治组合的轴心，将激进党成员胡安·安东尼奥·里奥斯和加布里埃尔·冈萨雷斯·维德拉分别送上了总统职位。

激进党以及和它一同当权的政治力量代表了中产阶级和大众阶层，从而加强了中产阶级在国民生活中的话语权，工人阶级的组织与重要性也有所增加。激进党当权期间的政治风格灵活且包容，让不同身份标签的政治部门都能参与到权力中心来，从而确保了政治系统的稳定，但也时常爆发民众暴力事件。

1952年，卡洛斯·伊瓦涅斯在总统选举中取得胜利，激进党失势。伊瓦涅斯重回拉莫内达宫意味着社会对政党及其政治作为的排斥，尤其是政党在解决国家主要问题（不管是政治问题还是经济问题）时表现出的低效率，不过伊瓦涅斯的回归并没有让这个国家再度陷入独裁统治，之前建立的政治体系和政治机构仍在继续运转。

-13-

发展主义者的努力

内向发展模式

到了20世纪30年代,政府开始将国家转向工业化的尝试。生产促进委员会(Corfo)就是国家期望改变现有发展模式的产物,它的出现旨在将国家转变为经济发展的基本主体。这次改革的最大推动因素是1939年摧毁了智利中部的奇廉地震,在灾后重建的工程规划中,政府将生产促进委员会设定为推动机构,该机构的基本理念在20世纪30年代就已经由政府和企业家、工会组织一同构想成型。

智利工业起源于19世纪下半叶太平洋战争结束之后,从吞并硝石产地之后开始,从那时起开启了工业扩张与多样发展的时代。1880年到1930年间的人口增长，尤其是城市人口的增长，为建立产业提供了劳动力，从而为市场提供了更多的产品。工业的生产范围也逐渐扩大，开始生产一些更为复杂的产品，如火车头、用于建筑和市政工程的钢铁框架，金属产业和运输产业占据了智利工业的领导地位。

诸如食品加工、钢铁、水泥制造、家具和服装生产等新生产工业的出现都反映了工业活动的发展。不过，智利工业跟智利总体经济一样，与硝石生产活动有着高度关联性，因而十分依赖海外，主要表现为当硝石出口量增长时，工业发展也加快，与此同时，硝石出口带来的收入增长也带来了国家工业产品需求的上涨。

第一次世界大战之后，智利工业又受到了新的刺激。世界市场的暂时关闭和工业产品及原材料的供应中断给国家工业带来了挑战，再加上国内需求的扩大，让智利工业有机会证明它有能力代替大量的进口商品。从此以后，智利工业迈入了大步扩张的阶段，直到1929年的经济危机才打破这一节奏。虽然这时候国家工业已经取得了较大的发展，但还是未能保持持续增长的工业化进程。

20世纪30年代提倡的经济发展模式的主要目标是以生产代替进口和改善人们的生活水平。这一时期的多种现象都促使了经济发展的改变：首先，人们就基于原材料的开采和生产的发展模式正面临枯竭达成了社会共识；其次，面临第二次世界大战和经济危机的国际局势，不得不用国内的生产代替进口；还有就是，权力日益巩固的中产阶级强烈地希望国家能转变为经济、社会和文化发展的积极推动者。

生产促进委员会在1939年的成立其实是一个长期历史进程的结果，它标志着政府在国家经济发展中所做的工作越来越广泛。它是佩德罗·阿奎尔·塞尔达政府的工作成果，其主要目标是制定经济和信贷政策，以及促进总体经济及个别行业发展的生产规划。

生产促进委员会为国家经济发展做出了杰出的贡献，它的工作成果包括由国家电力公司实现的国家电气化；国家石油公司开采的石油矿藏；委托太平洋钢铁公司修建的华奇帕托（Huachipato）发电站，这些都是国家工业发展必不可少的基础。

生产促进委员还实施了一系列计划来提高农业生产效率：鼓励渔业发展和林业生产，鼓励造纸、化工、石化、冶金和电力工业的发展。基于上述计划诞生了国家制糖厂、渔业促进协会、森林工业协会、太平洋造纸厂、南方木材匿名协会等。除此之外，国家电信公司、铜产品制造、国家轮胎工业、国家酒店业和国家矿业均归生产促进委员所有，它的成果几乎涵盖了国家生产的方方面面，成了领导国家总体发展的重要机构。在皮诺切特独裁期间，生产促进委员会中的大部分机构和企业都以非透明的方式被私有化。

灾难性的通货膨胀

虽然内向型的发展模式使国家经济得以持续增长，人民的生活水平也得到了改善，但国家经济还不能满足各个社会部门日益增长的需求，导致周期性的通货膨胀，人民的生活成本上升到前所未有的水平，在居住、教育和劳工领域出现了巨大的赤字。

在1950年到1960年间，智利的人口从600万增长到近730万人，这意味着在过去10年，国家年均人口增长率从2.4%上升到2.9%。加速的人口增长加剧了20世纪40年代开始的经济不平衡，使智利经济更加依赖工业保护主义，因而也加剧了智利工业与国际经济的脱节。因此，1950年到1962年间智利工业表现出来的特征与前十年没有实质性的区别，还加剧了宏观经济的失衡，对社会和政治产生了负面影响。

这种僵化的经济十分依赖出口，在20世纪50年代，智利的外汇收入年均增长3.6%，并且与10年前一样，其中80%都依靠矿产品的出口。最大的区别在于，1957年到1963年间，智利最主要的出口商品铜矿产品的价格在5年内下跌了30%，因此在那段时间里进口额的增长远远超过了出口额，进口额7.3%的年增长率几乎是出口额增长率的两倍。这种贸易收支的不平衡是资本货物进口的大幅度增长造成的结果，而这些进口资本货物主要贡献了制造业，也部分推动了服务业。进出口的不平衡阻碍了国内市场规模的扩大，因为国内市场规模的扩大取决于国内收入的增长与出口量增长之间的关系。

从1958年起，进出口贸易的不平衡开始在流动账目中表现出来，商品与服务出现高额赤字，而资本账目则显示了直接投资的停滞和海外贷款的增加，从1958年的1.32亿美元上升到1962年的4.79亿美元，成为该国经济表现最重要的指标之一。贸易不平衡同样表现在流出的净资本额翻了四倍，从1958年的1亿美元增至1962年的4.01亿美元。

对外贸易情况的恶化和日益增长的支付差额加剧了政府可利用资源的不平衡。在20世纪50年代初期，收入约占支出的93%，到了60年代初期，这个数字仅为81%。在20世纪40年代时，财政收入超过支出的部分可以用于公共项目的投资，从50年代起，政府不得不靠不断加大美元债务才能继续投资。

智利国家经济表现出的这些特征解释了这一时期所发生的国内外经济之间的脱节，这一脱节导致生产结构丧失活力，而财政赤字也加剧了通货膨胀。不管是国有还是私有企业都可以在向海外尤其是美国贷款时得到政府的补贴与担保，政府与国有企业以及私有企业之间的这种关系更是加剧了贸易的不平衡。获得补贴与担保的公司包括大型国有和私有制造业公司，虽然不是唯一，但制造业成了20世纪50年代中最主要的增长点，而农业却被政府遗忘，所以农业的生产增长率并没有赶上人口的增长率。

20世纪50年代智利经济面临的最大障碍有来自非洲铜产品的竞争导致的铜产品出口交易额的下跌；由于国内需求的减少而无法扩张制造业；与工业化国家制造品之间的价格差距让国内制造业商品无法出口。

智利日益脱离国际金融而造成的经济恶化表现为1940年到1962年间金融中介交易量的减少。1940年，国内生产总值的25%是由金融中介贡献的，也就是银行、保险、证券等业务，1962年时这个比例下降至15%，下降了10个百分点。这意味着金融经济的演变加剧了经济的失衡，迫使中央银行发行没有任何实际担保的货币。

1950年以来的通货膨胀与19世纪后半叶使智利经济进入持续通货膨胀期的通货膨胀表现有些不同，因为从1950年开始，宏观经济的失衡影响了经济的方方面面，包括财政收入、民众的收入、就业、薪资水平和商人的收入水平。

通货膨胀是衡量经济失衡的一个重要指标。在1940年到1946

年间，通货膨胀率在9.1%到30%之间波动，年均通货膨胀率为15.2%；而到了1950年到1959年间，通货膨胀率在16.5%到83.8%之间波动，年均通货膨胀率为38.3%，也就是说比前10年的两倍还要多。

在接下来的阶段，由于对大型采矿业的惩罚政策，面对消费品需求的扩大和外汇供应的减少，经济发展成了不可能的挑战。在这种情况下，受控商品的价格上涨，市场寻求开放对外贸易。结果就是通货膨胀加剧、工资实际水平下降和财政赤字增加。物资开始匮乏，通货膨胀加速、资本外逃，其影响已经转移到了社会领域和政治领域，这些影响在几年之后明显显现。

社会现实

工业化进程让城市变成了吸引农村人口的地方，城市人口增长也是这一时期最突出的社会现象。城市人口增长的过程中出现了严重的问题，因为城市的基础设施还不足以吸收大量从农村转移至城市的人口，因此出现了"蘑菇村"①，城市里的苦难也越来越多。

---

① "蘑菇村"是指19世纪50～80年代，智利城市里出现的棚屋，因为能在一夜之间就很快被搭建好而被称为"蘑菇"。——译者注

这一时期还出现一些其他的重要现象，如中产阶级的发展，以及随着工会基础的扩大和城镇中心的推动，社会组织以更广泛的形式出现。农民阶级在建立组织时遭受阻碍是这一时期社会发展的另一个特征。

城市人口的增长从19世纪就开始了，但在1930年达到高潮。首都、瓦尔帕莱索、康塞普西翁、伊基克、安托法加斯塔等城市的人口增长，使创造新的工作岗位、改善城市基础设施和提供更多的社会服务变得尤为必要。城市人口增长带来的最严重的问题之一就是交通，交通能力不足导致严重的堵塞，汽车数量的增长导致空气污染。

中产阶级上升至主导地位是20世纪发生的事情，中产阶级不仅取得政治权力，还涉足银行、工业和商业，成为新的经济力量。他们与寡头阶级在事业、商业和家庭上建立的关系让他们进入了他们曾经无法踏足的领域，除此之外，中产阶级还总揽了艺术、文学和专业领域。

20世纪下半叶，智利社会的基本认同被打上了中产阶级价值观的印记，主要特点有对"自己的家"的追求、对子女的专业教育、在政治问题上追求平衡、接近基督教的道德准则。当时的中产阶级民主主义者中也有一定程度的沙文主义存在，自然表现出高亢的批判精神和对现实的不满。

从1932年开始承认女性的政治权利是这一时期的另一个亮点。早在19世纪末，女性就开始从落后的状态中走出来，要求接受教育和工作的权利。后来，在20世纪的前几十年，国家开始制定第一批有关妇女的公民权利和政治权利的法案。

20世纪30年代，势不可挡的妇女运动是国家遇到的一大难题。经济萧条及其带来的恶果促使智利妇女在1931年7月开展了第一次大规模的示威运动，对自己的丈夫、儿子和兄弟的遭遇表示抗议。1934年，女性获得了市政投票权，做好了全面争取政治权利的准备。

1949年，经过多年的等待和斗争施压，女性取得总统和议会选举投票的权利。从此，智利社会在通往高度民主的道路上又向前迈进了一步。

工业化进程伴随着工会运动的发展，政府的容忍和工人阶级对参与政治的热切是20世纪下半叶发生的最重要的变化之一。

1936年，智利工人联盟（Confederación de Trabajadores de Chile）的成立标志着当代工联主义开始施展拳脚。但新的团体并没有成为智利工人的基本组织。在团体内部，社会党与共产党之间的斗争阻碍了一个有力的工人团体的形成。

由于智利工人联盟的软弱，20世纪40年代出现了一些新的工人团体。1943年，全国财政雇员协会（Asociación Nacional de

Empleados Fiscales）成立，后来该机构中又加入了非财政雇员、私人雇员和教授，机构更名为智利国家雇员联盟（Junta Nacional de Empleados de Chile）。新的机构在为工人团结指明方向的同时，推动了工人的工会化进程。

在20世纪50年代的政治斗争中，共产党面临被驱逐的可能，引发了巨大的社会动荡，工人们跟随组织坚决斗争。最后，在1953年，来自950个工人组织的2355名代表召开了一次会议，这次会议决定成立工人统一工会（Central Única de Trabajadores，缩略CUT）。从此以后，CUT在为工人争取实现社会与政治要求的斗争中起到了重要作用。

像CUT这样重要的工人组织的诞生给社会带来了深刻影响，代表了智利社会民主化进程的发展。直到1952年之前，智利的工会运动态度总的来说都比较温和。但在CUT成立以后，面对通货膨胀的不断加剧，左派政党在工会组织中的影响越来越大，CUT的态度也变得越发充满攻击性，为20世纪60年代出现两极分化营造了气氛基础。

20世纪期间，智利教会的保守派立场有所改变，教会成为社会高端阶层的代表，思想更加进步，也赢得了更广泛的社会认可。教会在世界范围内的改变和智利国内发生的冲突都促成了智利教会的变化。在这样的背景下，第二次梵蒂冈大公会议对智利教会在20世纪做出的改变表示赞同。

1961年到1983年，枢机主教劳尔·席尔瓦·恩奎克斯（Raúl Silva Henríquez）在圣地亚哥教区任职期间，教会参与了国家生活的方方面面。

教区教育的开展，以及青年、工人和农民在教会活动中集结，让教会有机会接触到大多数智利人面临的问题，并为解决问题提供帮助。人们对教会活动的热衷让教会成为国家团体中的重要角色。

在许多生死攸关的时刻，教会的存在变得更加有力且重要，例如1973年军事政变之后，教会是少数还保留了原有结构的机构之一，而且还成为受独裁统治迫害者的积极捍卫者。

文化世界

中产阶级的主导地位也体现在文化领域。中产阶级的文化中既包含了来自寡头群体和大众群体的元素，又融和了传统文化与欧洲及北美的文化风向。媒体、广播和书籍传播了中产阶级的思想，20世纪中叶时，中产阶级的思想传播给了除边缘群体以外的大多数的城镇人口。他们的思想建立在天主教的价值观之上，追求秩序与稳定，尤其是将安全视作十分重要的社会价值。除此之外，爱国、团结、吃苦耐劳、尊重知识与怀揣经济抱负也是这一时期中产阶级的典型特点。

受好莱坞的影响，20世纪大众文化的显著特征之一是社会价值观和人民生活习惯的北美化。20世纪10年代和20年代，北美电影闯入智利，成了让人无法抗拒的商品，受到各个社会阶层的追捧。北美电影的风靡给智利社会文化造成了巨大的影响，民众将美国的"北美风格"视作现代化的绝对标杆，认为通过看电影和购买美国商品能够实现这种现代化，于是这些消费成为城市日常的重要组成部分。

20世纪智利在文化领域的现代化中表现出了巨大的活力，在某些方面还引起了世界共鸣。文学领域的杰出代表有维森特·惠多布罗（Vicente Huidobro）、1945年诺贝尔文学奖的获得者加布里埃拉·米斯特拉尔（Gabriela Mistral），和1971年诺贝尔文学奖获得者巴勃罗·聂鲁达（Pablo Neruda）。在绘画和雕塑领域出现了内莫西奥·安图内斯（Nemesio Antúnez）、恩里克·萨尼亚尔图（Enrique Zañartu）、罗博尔托·马塔（Roberto Matta）、莉莉·卡拉福利科（Lily Garafulic）和玛尔塔·科尔温（Marta Colvin）等艺术家。音乐家中出现了克劳迪奥·阿劳（Claudio Arrau）和多明哥·圣克鲁斯（Domingo Santa Cruz）。

为了满足人们的文化和艺术需求，智利交响乐团、国家芭蕾舞团、智利大学合唱团和体验剧院相继成立，这些机构都成了各自领域的基石，一直运行到今天，与近几十年出现的私人团体一起活跃着。

国家的发展也让入学人口大大增加，随着时间的流逝，这一成果反映在了教育与社会体系中。1935年，全国公共与私立的中小学教育覆盖了6~18岁公民中41.9%的人口，也就是587834人；到了1973年，同样的体系已经覆盖了91.3%的学龄人口，也就是2760145名学生，而且随着入学者社会背景越来越多元化，教育系统的异质性也不断增加。这些特征的出现推动了20世纪下半叶的转变与改革，尤其是20世纪60年代的教育体系现代化改革。

由于改革的主要目的是实现教育民主化与现代化，因此改革提出了让所有人都能享受教育的具体目标，可以理解为这是一项能保障适龄公民进入教育系统并持续接受教育的政策，旨在建立共同文化基础与社会责任，促进个体与社会集体之间的对话；以及培育各阶段的高素质工作人才，让教育成为贯穿民众终身，引导他们不断适应变化的事业。教育改革的这些目标是针对现实的分析结果提出的，因为现实中的教育并不能促进社会阶级的流动，相反还阻碍了社会的变化，对民主生活也构成了威胁。

随着公立与私立中小学教育的发展，许多大学和技术学校也相继成立，例如康塞普西翁大学和国家技术学院，后者是今天的圣地亚哥大学。政府对广大群众的教育关照主要体现在乡村学校的建立和全面扫盲计划的制定。

智利20世纪的文化发展还有另一个特征，那就是大学和科研机构中的科研发展。国家科学技术发展协会与国家科学技术研究基金会的成立促进了基础科学的发展，尽管它们在近几十年来取得了显著进步，并为国家发展贡献了无与伦比的成就，但这些机构获得的政府支持不到GDP的1%。

这一时期的文化发展还出现了一个现象，即从20世纪50年代开始，社会科学就受到了科学家们的优先关注，因而也推动了许多社会变革的开展。历史学家马里奥·贡戈拉（Mario Góngora）对于中央山谷居民与农村土地财产的起源研究就是一个例子。除此之外，对于马克思主义与结构主义思潮的开放态度也推动了社会变革的进程。

随着城市的扩张、工业化的发展和媒体的影响，民众文化演变成了大众性的文化，虽然它通过不同文化表现形式为扩大智利人民的知识视野做出了不可磨灭的贡献，但大众文化的兴盛也意味着电视、广播、杂志的影响力上升，文学、艺术与思辨的衰落。也许这就是全球趋势的一部分，也是21世纪病态的电视真人秀、娱乐绯闻充斥大众文化的前兆。

-14-

民主的危机与恢复

政治演变

1958年,豪尔赫·亚历山德里(Jorge Alessandri)当选总统意味着右派获得权力。虽然亚历山德里宣称自己是独立人士和技术专家,但他还是必须跟自由党和保守党一同执政。一开始,政府有力地推动扩张、制定稳定的经济政策,在打击通货膨胀方面取得了一些成就。然而,亚历山德里总统任期结束时,显然政府还有诸多计划尚未实现,只是解决了一些最紧迫的问题,例如对20世纪60年代的海啸与地震对智利中部地区造成的破坏进行修复,期间还修建了名为瓦尔迪维亚抵御灾害的工程,因为这座城市受到了里尼韦湖(Riñihue)地质运动的威胁,工程的建设成了一段国家工程师与大自然抗争的史诗，让全国上下都为之激昂。

1964年，基督教民主党候选人爱德华多·弗雷·蒙塔尔瓦（Eduardo Frei Montalva）在总统竞选中以绝大多数票当选。在此之前，左派候选人萨尔瓦多·阿连德（Salvador Allende）遭到了激烈的"选举恐袭"，反映了政治体系日益加剧的两极分化已经到了不能相互容忍的阶段。

新政府实施了一项以改变智利社会结构为目的的计划，被称为"自由革命"，通过发展工会和激励民众的措施来深化民主改革，实施土地改革，收购了大铜矿业51%的矿藏。

在弗雷·蒙塔尔瓦当权的6年中，不仅建造了数千所房屋、学校和幼儿园，入学人数也大大增加。政府还积极鼓励女性参与国家生活，鼓励人民成立农民工会与居民组织，也让国家在国际社会中的参与度再次提升。

虽然取得了不少成就，但政府还是无力解决通货膨胀的问题。再加上20世纪60年代政治生活与意识形态的两极分化，导致弗雷·蒙塔尔瓦总统任期末时的社会与政治冲突激化，甚至上升为警察与政治团体之间的暴力行径。

1970年的选举斗争中有三个代表了不同社会观念的阵营，这三个阵营从1958年就开始清晰地划分开来，它们分别是右派、中间派和左派，在这个大部分人口还生活在贫困线以下的不稳定社会中，每一派都有它自己的理想与规划。

左派建立了人民团结阵线（Unidad Popular，缩写UP），这是一个由共产党人、社会主义者、激进分子、基督教徒、共济会成员、革命者和独立人士组成的政治联盟，联盟推选萨尔瓦多·阿连德为总统候选人，阿连德提倡发展新的社会、政治与经济组织形式，在推动国家发展的同时又发展社会主义制度。他主张用单一的议院取代两院制，并建立国有、私有与混合经济体制。

以国家党为代表的右派提出了广泛的政治改革和深入的经济改革主张，想要改变干预主义和国家主义的经济形势，用以私人与市场为主导的经济形式取而代之。他们提出建立"新共和国"，通过宪法改革让国家重获经济自由。豪尔赫·亚历山德里是右派的领导人代表。

政治中间派中，基督教民主党推选了拉多米罗·托米奇（Radomiro Tomic），他提出的反资本主义的主张与人民团结阵线的主张非常相似，据此基督教民主党宣称自己具有社会主义革命性，拒不接受商定好的铜业国有化，也就是说与大型矿业公司达成协议，支持依法国有化。

经过紧张的竞选，人民团结阵线的代表在总统选举中获得了36.2%的选票。1970年11月，萨尔瓦多·阿连德总统上任，他的上任将"带领智利走入社会主义道路"，阿连德政府是智利的第一个社会主义政府。

新政府在它成立的头几个月就开始推行国有化的经济计划。国家征收了大量的私营企业，对钢铁、煤炭和铜产业进行了国有化，加大了土地改革的力度，开始将银行国有化，引起了受影响群体的反对。

与此同时，通货膨胀和反对派挑衅煽动造成的必需品短缺加剧了社会矛盾。抗议示威和支持政府的游行成了家常便饭，通常也是以暴力结束。政府的制度无法控制动乱和武力，无论是来自官方还是反对者的力量都得不到有效控制，频繁激烈的冲突催生了极端两极分化的气氛，于是政府推行了全国统一教学体制（Escuela Nacional Unificada，缩写ENU），这在天主教会和反对派看来是极端不合理的体制，完全不能接受，有的人甚至没有对体制做深度了解就极度反对。

人民团结阵线在危机的情况下也很重视教育，并没有回应正在经历深刻转型中的社会努力想要摆脱落后发展的需求。当时的社会问题中也包括入学机会的不平等，因为在1972年，每100名进入小学的学生中只有14.2名能进入中学，能进入大学的只有4.1人。根据1970年的人口普查，每100名工人中有8.3人从来没有上过学，52.1人接受过低于4年的基础教育，只有34.9人完成了6年的义务教育，还有4.7%的受调查者没有说明他们的受教育情况。结论是需要更多的教育资源来满足更多的人，当然也需要以培养劳动力为向导的更高质量的教育。

统计数据表明，在1970年到1973年之间，入学人数以前所未有的速度增长。如果说1970年时，各个阶段的入学总人数是2477254人，1973年这个数字上升到了2996103人，也就是说3年间增长了17.4%，年平均增长率为6.54%，是当时记录的历史之最。1970年时，整个教育系统覆盖了24岁以下人口的47%，1973年时，这个数字扩大到了54.5%。

天主教会对人民团结阵线的教育改革表示了明确且强烈的反对，而教会在社会中的重要地位也为它的反对赢得了广大民众的大力支持，他们的声音不仅对全国统一教学体制的最终命运起到了决定性的作用，还影响了推动它的政府。教会对全国统一教学体制的多元特点提出了质疑，因为在该教育体制中看不到人道主义和基督教的价值观，而这些价值观是智利大部分人口所持有的价值观，是智利精神文化的一部分。

天主教会的立场一开始被政府关注度不高的媒体报道，被人民团结阵线的反对者们视为对全国统一教学体制的彻底否定。1973年3月新学年开始时，天主教会的观点开始广泛传播，再加上一些其他社会机构和活跃力量的参与，一场辩论在当时紧张的气氛中展开了，但辩论不是对全国统一教学体制的分析，更像是声哑人之间的对话。因为人民团结阵线政府提出的教育改革更像是一个雄伟的政治计划而不是教育计划，当它在严重两极分化的社会中提出这样的计划时，几乎没有人仔细分析这项计划的优点，并触发了1973年的军事政变。全国统一教学体制为反对派提供了动机，成为他们攻击政府的工具和团结反对势力的手段，借以号召建立全面的教育体系。

为了执行其计划，政府无视法律的根基开始寻找立法的漏洞。反对派成立民主联盟（Confederación por la Democracia，缩写CODE），指控总统不遵守法律和放纵极端左派势力的暴力行径，并且不遗余力地阻挠国家领导人将国家引向马克思主义的一切政治行为。全国性的罢工、各个生产部门的日常抗议贯穿了1972年。除了来自反对派的压力，阿连德还要承受来自党内激进分子的压力，因为社会主义者和左派革命运动（Movimiento de Izquierda Revolucionaria，缩写MIR）一直敦促他加快向社会主义过渡的进程，他们的诸多行为和言论更加剧了本来已经十分紧张的政治氛围。

在这样的环境下，1973年3月的议会选举也未能解决政治危机，虽然民主联盟获得了绝大多数选票，但人民团结阵线的票数相比1970年也有所增加，获得了近44%的选票。就这样，政治分裂导致的国家分离仍在继续，政府无法充分施展它的计划，反对派利用宪法指控摧毁了总统的权力。

1973年，政治的紧张局势加剧、暴力不断，各方达成协议的可行性越来越小，所有的一切都沉浸在深刻的经济、社会和政治危机中。政府没有能力改善局势，民主政权在对阿连德政府激烈的反对声中开始瓦解。政府为了挽救危机的最后一次尝试是与反对者对话，但以失败告终。与此同时，反对派开始集结武装力量，准备结束人民团结阵线的政权。那时候美国也介入了智利的政治斗争，支持并资助了动摇阿连德政府的行动。

体制的破裂

1973年，军政府当权在智利的共和国历史中并非孤立事件，在当时的拉丁美洲大环境下也并非鲜见。在智利历史上，独立后的共和国组建时期和20世纪20年代，都有军政府当权的先例，而且拉丁美洲国家历史发展的特点之一就是1960年代以来频繁的军事干预。

拉丁美洲每个夺取政权的军政府都有多方面的原因这么做，但有一个共同的原因就是恢复秩序、改变现行的政治制度和解决经济危机。上述原因加上一些智利当地因素，解释了智利军政府为什么会在1973年上台。

20世纪下半叶智利历史的主要特征之一是经济与社会结构的严重不平衡。在经济层面，工业与采矿业的发展水平远远地超过了农业发展水平。在社会层面，城市中的中产阶级和无产阶级的生活水平远远高于农村人口和城市边缘者，后者的生活条件依然十分恶劣，所以他们更倾向于将自己的选票投给可以立即帮他们解决问题的人。

虽然20世纪30年代建立的内向型发展模式让国家经济有了持续稳定的增长，人民的生活条件也得到了改善，但仍不足以满足各个社会阶层日益增长的需求，这才是当时的国家现实。在通货膨胀的周期中，生活成本不断上升，物价水平上升到了这个国家前所未有的高度，虽然经历了工业化的努力，国家经济依旧十分依赖海外市场。尽管工业生产量加大，社会也得到了一定的改善，但在住房、劳动力和教育方面仍然存在缺陷。

社会中存在的严重分歧让每一个政治党派对国家问题作出了不同的判断，结论是国家生活的各个方面都需要深度变革。于是在20世纪50年代末出现了旨在纠正社会内部不平衡的全面整改计划。左派、右派和中间派各个政治派别都认为他们有可靠的解决国家问题的方案，各个方案各不相同又互相排斥，因此要取得政治和解几乎成了不可能的事。

弗雷在1964年竞选时使用的口号"哪怕是100万张选票也不

能改变我的计划中的一个逗号",人民团结阵线高喊的"向前迈进,决不妥协",更不用说1973年袭击拉莫内达宫的坦克,都解释了民主政权为何走向瓦解。

利益体系中的边缘群体的社会经济地位极不稳定,他们给政党施压,迫切地希望自己的问题得到解决,而各个政党在选举中为各自提出的计划大相争论,这样做只是加剧了分歧,更没有可能实现承诺。政治生活彻底两极化,每一个派别都认为自己是真理的掌握者,没有人愿意让步。于是政治暴力开始出现。左派中的激进者和年轻人受到古巴革命的影响,向政府施压,希望政治体制能够偏向弱势群体,为他们谋福祉。中间派和右派组织起了小团体当街与左派的支持者对抗。

中产阶级是当时的政治体制下最大的受益者,他们因民众施加的压力感到不安,但也做好了用暴力捍卫自己权益的准备。各方政治力量在选举中为了权利而斗争,断绝了一切达成和解的可能性,他们涌向街道,试图用武力打破选举中可能出现的中间派、左派与右派的平局的场面。在这样矛盾激化的背景下,再加上冷战的影响,左派势力在1970年的总统选举中取得胜利。

1973年的危机爆发有着多方面原因。不过其中最根本的原因是各个社会群体与政治群体对民主政权信心的丧失。

对于左派来说,民主只是形式上的,与实际情况完全不是一回事，虽然确实大多数人口拥有了政治权利，但从经济与社会状况上来看不同阶层之间仍存在着极大的不平等。对于中产阶级来说，人民团结阵线实施的一系列为大众谋求福祉的规划是对他们的威胁，面临这种威胁，大多数人都做好了用牺牲民主来断掉大众念想的准备。阿连德上台时最富裕的右派势力更是希望推翻民主以维护他们既有的特权。

军政府制度

对于大多数智利人而言，1973年9月11日一如既往地在平凡中到来，几乎没有人想到这天一早武装部就开始部署行动了。瓦尔帕莱索的舰队首先开始举动异常，控制了几个战略要塞。阿连德总统在得知港口的情况以后，赶往拉莫内达宫组织抵抗，他毫不怀疑这是想要夺取权力的军事运动，早在几周前就有这样的消息流传。

当天8点左右，民众从电台广播中得知人民团结阵线的政府遭到了攻击，军政府已经接管了政府，要求新总统立即任职，宣称全国领土都在他的控制之下。除了麦哲伦电台，其他官方的电台都一言不发，只有麦哲伦电台传出了阿连德给他的支持者和公众的最后信息。

上午11点，由于拉莫内达宫内的阿连德拒绝交权，武装部队向总统发出了最后通牒：如果三分钟内再不交权，将轰炸总统府。

民众密切关注着事态走向。无线电台上播放着军政府的消息，解释了武装行动的动机，并通过无线电传达新政府颁布的一系列措施，其中就包括戒严和宵禁。就在差几分钟就到12点的时候，空军开始轰炸拉莫内达宫，地面上则有坦克攻击在拉莫内达宫抵抗的人。

袭击发生以后，阿连德的一些同盟者投降，阿连德总统自杀，军人占领了拉莫内达宫。这次袭击的结束意味着奥古斯托·皮诺切特（陆军）、何塞·托里比奥·梅里诺（海军）和古斯塔沃·利（空军）三位军事领导人以及警察局局长塞萨尔·门多萨登上了权力的舞台。

从1973年9月11日起，智利建立了强硬的军事政权。独裁政府的出现在智利历史上并非特例，其登上政治舞台大多是基于同样的结构性原因。不过从1973年起，智利内部情况和世界内战背景的交融，加上西方相继出现的保守主义和自由主义浪潮，军政府实施了一项长期的结构性政治改革计划，促进了智利社会的彻底改变。

新政府解散了国会，宣布政党暂停活动，禁止一切政治活动，监禁了前政府的重要政府官员，关闭了与政府无关的媒体，开始对一切新政府反对者和人民团结阵线支持者实施政治迫害，这些政策持续了整个军政府时期，严重地侵犯了人权，成千上万的人流亡至海外各个国家，其中墨西哥对智利的受政治迫害者接待最为热情。

从1973年9月到1990年3月11日，国家机构或是受国家保护的突击队开展了一系列的镇压行动，镇压的强度根据地区的情况有所不同。镇压行动造成了无数的受害者，其中许多失踪或是被逮捕的人至今仍然下落不明。

军政府对国民生活的各个方面都保持着绝对的控制权。除了禁止一切政治活动之外，还解散了一切工会和学生组织；迫害公职人员；控制大学；对电视等媒体进行严格审查；监禁反对派的领导人；让国家永远处于戒严状态，即限制公民权利，以便政府部门采取行动时不受任何阻挠。民众的恐惧是这样的政策所带来的最鲜明的特点，司法机构几乎没有任何保护民众的行为。

1973年军事政变后的独裁政府对国家进行了深刻的经济和社会改革，改革的根本目的是引导国家走向市场经济。通过改革，市场成了资源的主要分配者，私有经济超越国有经济成了经济生活中的主角，出口在推动经济增长中起到了主要作用。

向新经济模式的过渡始于1975年4月，军政府当政后不久，财政部部长宣布了一项"经济重建计划"以解决年初开始出现的财政危机。紧急情况下，政府开始施行重要的结构性改革：取消了大部分的价格控制、使比索贬值、取消了政府补贴、开放利率等。

自由市场改革涵盖了所有重要的经济领域，采矿业是其中之一。改革废除了国家现有的干预主义制度，重新定义国家在经济中的角色，消除财政赤字、大幅减少财政支出、降低税收、取消价格管控、开放市场，并将许多国有企业、部分社会保障体系和公共教育体系私有化。

经济对外开放，非关税进口壁垒消除，差异化的高额关税结构被几乎统一的低关税结构代替，政府还减少了外汇管制、废除了所有的进口限制。通过取消利率限制和信贷控制，开放海外投资和建立独立的中央银行，政府建立了一个自由规范的资本市场。

与国家组织的各个方面一样，教育体系也发生了深刻的变化，尤其是与教育管理有关的方面，因为在教育实践方面，多年前就开始使用的内容、资源、覆盖范围和方法都被沿用。

政变以后，全国所有教育机构的课程都被恢复，在此之前许多教育机构已经为了抗议人民团结阵线政府和全国统一教学体制停课数月，教育领域发生了天翻地覆的变化，1973年的机构崩溃就是一个明显的例子。

不管是小学、中学还是大学，学生和老师都变少了，留下来的人都已经彻底改变，即便他们的思想没有变化，内心也表现出了极大的改变。政府通过对整个教育系统的控制和对大学教育的干预清除了教育系统中拥护人民政府的人。

教育政策改革的方向包括改善通识教育、培养学生更好地适应环境和参与工作、发展特殊教育和幼儿学前教育，这些政策确实被实现了。

教育体系还体现了新政府的新自由主义的经济取向，也就是说，国家资助与私营机构主导的活动共同进行。就这样，教育机构开始逐步转变为市政管理机构，私营机构得到的政府资助越来越多，职业技术中心逐渐转变为企业公会组织。

高等教育也发生了重要变化。1981年，一场剧烈的变革开启，专业机构和技术培训中心的并入使高等教育的体系更加多样化。这项改革包括授权开设新的私立中心与机构，这些中心与机构为后来私立大学的发展提供了基础。

教育分权无疑是军政府推动的变革中的一大亮点，也是对教育系统影响最持久的政策。实现这一转变的主要方法是将教育部的职能移交给各市政府，让各市政府拥有更大的自主权，能根据当地的实际情况制定教学计划，更重要的是，能让更多的私营机构参与地方教育管理。

然而，由于大多数地方政府资源匮乏，教育体系市政化的结果是高度的社会分化，学校教育的成果不理想，甚至导致了公共教育的危机。

学龄前儿童以及中学生和大学生的入学人数扩张是这一时期的惯常现象之一。学龄前儿童的入学人数在1970年到1989年间增长了253.21%，中学生增长了145.65%，大学生则增长了203.6%。从覆盖率来讲，1970年5~6岁的学龄前儿童入学率为14.6%，1989年上升到48.4%；中学教育的覆盖率从1970年的49.73%上升到1988年的81.77%。也就是说那时候还有18.23%的14~17岁的青少年没有进入教育系统，其中大多来自低收入家庭。这也是教育不公，甚至社会不公的一种体现。

在劳工领域，工会权力的削减使得劳动市场更加灵活，解雇条件的限制和国家对工资的干预被解除。最后，政府试图在社会领域建立起一个改善贫穷人群生活条件的社会网络，所以这群人是最直接受到新经济政策影响的人。

大多数改革政策的实施都未经社会讨论，因为军政府并没有社会、政治、商业或是学术团体的支持。虽然改革造成失业率升高、人均收入和内部负债下降，但军政府不顾批判之声坚持推行改革，新经济模式不仅帮助国家实现了经济复苏，还实现了经济的增长和现代化，不过与其他时期相比，这一时期的经济行为几乎没有规律性。

智利政府在过去50年的经济表现证明，智利在民主时期的经济表现比较好。从1958年到2012年间的经济平均增长率、失业率、通货膨胀率、最贫穷的10%人口的平均收入以及10/10系数（社会最富有的10%人口和最贫穷的10%人口收入比率）来看，皮诺切特专政时期的经济表现最平庸。所有的指标都显示民主统治比独裁统治更好，特别是在经济增长、就业公平方面差异明显。

分别拿出来比较，每届民主政府几乎在所有的指标上都表现得比皮诺切特政府更好。事实上，在通货膨胀和经济增长方面，独裁政府的政绩优于阿连德政府，不过经济增长、就业、通货膨胀、贫困和社会公平指数都不如其他民主政府，在就业、贫困与社会公平指数上表现得也不如阿连德政府。

因此，在17年的独裁统治中，遭人诟病的不仅有统治阶级的侵犯人权和非法致富，无可争议的统计数据也显示了与民主政府相比，它的经济表现并不好。

在体制方面，军政府给自己设立的任务目标是给国家建立新的政治体系。军政府任命了一个委员会来制定宪法，该委员会收集了过去当权者的经验与思想，让恢复与保护民主制度成为可能。制宪委员会经过长期秘密运作之后，向新体制任命的国会提交了草案。国会中，前总统豪尔赫·亚历山德里带头对草案作出了大量的修改，试图赋予新宪法民主的外衣。最终，草案被移交给当局时还是删除了大量国会所做的修改，并且在没有选举程序的保障下征求了民意。

1980年《宪法》中既有永久性条文，也有暂时性条款，这些暂时性条款仅在从其获批后到1990年全面生效之间的时期内适用。新宪法建立了保护总统的体制，赋予了行政机关强大的权力，并从民主政治博弈中排除了极权主义。新宪章表明了武装力量在政治权力和国家元首面前拥有自主权，并通过主要由军人组成的国家安全委员会，使其成为体制的监察者。

皮诺切特在1988年10月的公民投票中失败以后，随着反对派逐步接近政治舞台，军政府在统治的最后一年与反对派达成改革协议，承诺将宪法民主化。1989年公民投票通过的改革废除了与流放政治异见者相关的规定，在国家安全委员会中加入普通公民，建立公民与军人之间的平等基础，也使该机构的权力受到限制。

智利的独裁主义

关于1973年军事政变及其开启的独裁历史的成因的讨论，至今还没有明确的定论，但也不妨碍我们反思智利的独裁主义历史。

对于军事独裁和皮诺切特时期最显著的两大现象（某些宏观经济成就和大量的人权侵犯）的主流评价，可以用冈萨雷斯·维尔（Gonzales Vial）于1985年在一份全国发行的周刊上发表的一篇文章来总结，冈萨雷斯·维尔是军政府的合作者，也是非常有影响力的专栏作家，后来成了揭露军政府侵犯人权行为的重要参与者和杰出史学家，他在揭露军政府"惨痛罪行"后开始分析军事政体和皮诺切特政府后的责任问题。在描述了一些军政府值得认可的非凡经济成就之后，维尔就预警"在道德领域，后世对历史评判的标准会比当代更加严苛"，因此，在回忆起"过去6年里犯下的仍未受惩罚的谋杀罪行（不再进一步追溯）"时，维尔总结道："总之，历史的责任最终会落到共和国总统的肩上，从根本上说，他将为军政府统治下发生的一切买单。"维尔在1985年预言了皮诺切特及其政府的未来不久后，他的预言都实现了。虽然皮诺切特本人以及至今还从军政府中直接受益的人们进行了令人难以信服的争辩。

独裁者和他的政府的所作所为不应该引起注意，其他独裁主义历史时期也是如此。伊巴涅斯（Ibáñez）在20世纪20年代领导的专政和迭戈·波塔莱斯在1830年到1837年间推行的专制政权遭受了同样的命运，那就是尽管他们都取得了成就与进步，但人们记住的只是他们的专横与侵犯的行为。

除了考虑1973年危机的背景，智利共和时代中霸权主义的反复出现可以放在一个更广泛的背景下来解释。

显然，至少从18世纪开始，智利每经过三个平缓的发展阶段就会出现与扩张、危机和专制相关的历史周期。显然，智利并不是想要重演其历史，但这是过去三个世纪发生的事实。

在经历了一个扩张与增长的时期之后，紧随其后的是国家扩张的变化带来的危机阶段，如18世纪、19世纪的1830年到1891年，以及20世纪的1930年到1970年的扩张。

这些危机包括组建共和国时为争取独立和社会自由而斗争，议会的百年危机，以及20世纪60年代末开始影响国家的两极分化和暴力冲突，直到现在，这些危机的解除都是靠强硬的领导者和专制的独裁政府，如波塔莱斯、伊巴涅斯和皮诺切特，他们都是在危机时期靠限制自由、施加强权来维持社会稳定的。

扩张时期的特征通常表现为经济增长、新社会群体的诞生和巩固、文化生活的丰富，和更加多元的政治体制，最终出现想要参与权力斗争的社会群体。

不过，扩张时期的社会发展和转型往往也伴随着变化带来的经济困难、社会骚乱、政治不稳定、混乱和暴力。1810年到1829年的共和国组建时期，从1891年到伊巴涅斯第一任政府开始，以及从弗雷·蒙塔尔瓦执政中期到结束都是这样的情况。每个时期的失衡都以不同方式表现，其强度也有所不同，但都无不被视为危机。伴随国家发展出现的增长危机不仅造成了从未设想过的新现实,还有带给民众的新期望,这些新期望又导致了制度危机。

在这些危机时刻,大多数民众都对社会的不稳定感到厌倦,对现实或虚拟的威胁感到不安,经济扩张带来的新现实让他们认识到了自己的权利、财产和特权,又或者只是厌倦了混乱的生活和经济上的贫困,走上了一条为强硬的领导人出现创造条件的道路,让一个强硬的人来保障国家的秩序与安宁。

正是因为上述原因,智利在1829年、1927年和1973年分别进入了独裁主义时期。三任独裁政府的领导人分别是波塔莱斯、伊巴涅斯和皮诺切特,他们的上台被大多数人所接受,因为独裁主义被看作是解除危机的手段。三任独裁政府不仅有着相同的起源,还有着共同的特征,即暴力和专断,压迫一个迟早会觉醒的社会。

独裁主义的出现是先前政治制度崩溃的结果,在独裁主义的发展过程中,最初的基本目标是终结无政府状态、恢复强权、镇压混乱,然后进入稳定的现代化和重建阶段。

因此,这些独裁的历史时期遗留给国家的除了冲突与痛苦之外,还有从独裁中幸存下来的行政手段与经济的现代化。独裁历史也是国家历史演变中必然的一部分,它们的存在并不是注定被遗忘的例外,而是在智利历史发展周期中可被预见的发展阶段。

当秩序得到恢复,新的观念开始盛行,厌倦了强权的智利社会又开始作出反应。要么驱赶独裁者，例如对伊巴涅斯的流放；或者像对皮诺切特一样，将其以另一种方式融入国家生活。后者是智利民主过渡中的特例，也是军事政权正式结束后有所遗留的例证。

历史事实表明，一个周期结束以后，国家又开始进入新的阶段，即经济扩张、社会稳定、制度有效、经济增长、文化多元、社会多样的发展阶段。这是追求现代化建设的新开始，不管每个时代赋予这一时期的具体定义是什么，今天我们都认为它与民主、发展和社会包容息息相关。到现在为止，这一阶段都是以危机结束，在其发展过程中往往会演变成诉诸暴力、打破制度的循环，最终落入独裁。或许，真正的现代化——进步、发展，或者简单的共和制共存——包括建立一种在危机时刻不用打破制度就能攻克难关的能力。

从历史中我们可以看出，以皮诺切特为代表的独裁模型是智利历史的一部分，它的成因有多种解释，历史不是追究罪人，而是给出解释，以减少我们在面对当下与未来时的不确定性。

下这些结论并不是要消除历史事件中某些重要人物的个人责任、政治责任或是司法责任。特别在涉及侵犯人权的事实中，智利历史上大多此类案件都已经查明，责任人被审判甚至监禁，皮诺切特专政期间侵犯人权的事件也必须得到解释。

民主的恢复

根据1980年的《宪法》，1988年应进行一次全民投票来决定国家的政治前途。在四位武装部队总司令和警察局长的监视下，立法机关向国家提交了从1989年3月11日开始行使总统权力的候选人名字，如果遭到拒绝，国家将于1989年12月举行一次总统选举。立法机关提交的候选人是奥古斯托·皮诺切特将军，如果得到的结果是"是"，那么皮诺切特将继续开启8年的总统任期。反对派接受了政府提出的游戏规则，集结力量投反对的"否"票，他们的目标是击败皮诺切特，根据宪法规定进行总统自由选举。

民众投票大会于1988年10月5日举行，反对派以55%的"否"票取得胜利，智利民众拒绝了皮诺切特，选择了自由选举方案。恢复民主势在必行。

在1988年取得胜利的政治力量集结了17个反对党派组成了民主联盟（Concertación por la Democracia），推选出了一位共和总统候选人：基督民主党人帕特里西奥·艾尔文·阿索卡尔（Patricio Aylwin Azócar）。支持政府的力量组成民主与进步联盟，推选财政部前部长埃尔南·比奇（Hernán Büchi）为总统候选人。第三位参加选举的候选人是独立候选人弗朗西斯科·哈维尔·埃拉苏里斯（Francisco Javier Errázuriz）。

虽然当时舆论的关注焦点是12月11日的总统选举，但同一天其实也是国会代表选举的日子。参议员和众议员的主要候选人有三名，与总统候选人名单重合。

帕特里西奥·艾尔文以55.2%的得票率获胜，避免了第二轮投票，直接当选总统。民主联盟在议会选举中也取得了胜利，这样一来，即便不是大多数，1990年3月11日上任的政府也将得到国会的重要支持，因为政府指派的参议员能够引导民众改变意志。

帕特里西奥·艾尔文于1990年3月11日上台。他的执政计划与推选他上台的民主联盟制定的计划相符。计划中最重要的方面（也是民主联盟的目标）是将军政府遗留的体制民主化，巩固民主制度，发展经济并使之现代化，加强社会公平正义，让智利重新步入国际政治舞台，并在经历了仇恨和社会分裂之后，实现全体智利人民之间的和解。

为了完善民主制度，使其更具代表性、有更高的参与度和效率，政府推行了多项改革，包括对区域行政管理制度、地方政府制度、选举制度、司法体系、总统任期的改革以及一些重要国家机构的创建。这些改革的命运也各不相同，不过，艾尔文政府任期结束时，已经完成了迈向社会民主化的重要步骤。

政府实施了一项名为"平等增长"的经济政策。在经过了大幅度的经济调整，通过了重要的税收改革和劳工立法改革之后，国家走上了持续改善人民生活条件的进步之路。通货膨胀得以控制，国际收支出现顺差，据政府统计，国内生产总值增长了10.4%，出口增长了12.3%。新政府维持了军政府时期建立的经济模式，经济的增长与进步并没有改变原有的稳定经济体系，所以即便新政府从1990年起推行了一系列社会政策，还是没能纠正经济上的不平等，正如艾尔文总统所说，"市场是残酷的"。

新政府还基于团结正义的价值观推行了促进社会融合和社会公正的社会政策，旨在寻求劳资关系的平衡，增加就业机会，改善国民健康、教育和居住条件。改善贫困是政府的首要目标。在新政府执政的前三年里，失业率下降到5%以下，工资水平增长了4.5%，工人的家庭津贴和退休人员的养老金都增加了。卫生、教育和住房条件都得到了改善，人民的生活质量得到了提高。

在国际关系层面，新政府实施了融入国际社会的政策。该政策被认为是涉及国家最高利益的政策代表。总统多次外出访问让智利重回国际社会的视野，因为军政府多年的孤立政策而丧失的国际威信得到了恢复。

在教育方面，1990年起，政府开始扩大中等教育和学前教育的覆盖面，但更重要的转变是开始寻求提高教育的质量和公平性的方法。例如，对基础设施和教育资源的大力投入、加强教师的专业培训、设置符合时宜的国家课程。就这样，在继国家1965年教育改革、人民团结阵线政府提出教育计划、军政府推行教育地方化和私有化之后,新政府继续顺应国家历史演变进程发展教育体系。

渴望实现民族和解的民主政府指出:弄清楚独裁统治时期所发生的侵犯人权的罪行是达成人民和解的基础,这不仅是唯一可能让智利民众重新团聚的办法,更是公平正义的基本要求。政府的发声鼓舞了广大国民,尤其是受害者及其亲属。为了实现这一目标,政府成立了国家真相与和解委员会(Comisión Nacional de Verdad y Reconciliación),命其寻求1973年9月到1990年3月之间发生的严重侵犯人权罪行的真相,委员会收集信息、调查受害者的身份和下落,提出关于赔偿措施的建议、防止侵犯人权行为再次出现的法律及行政办法。

委员会于1991年3月完成任务并提交了报告。报告中详细描述了严重侵犯人权的案件,如被拘捕人员失踪、国家特工直接处决受害人或是采用酷刑致其死亡,以及借政治为由对生命的迫害与威胁,委员会还确认了这些暴力行径的受害者名单,委员会确认的失踪和死亡人数为2279人,几年后,赔偿与司法委员会又增加了899人,到目前为止,官方记录的受独裁政权迫害致死的受害者共有3178人。

国家真相与和解委员会的这份报告激起了民众对其中反映的

事实的激烈争论，不过没有人否认这些事实确实发生过。承认这段事实是新政府实现民族和解目标的第一步。

为了还原人权侵犯罪行的真相，2003年，里卡多·拉各斯（Ricardo Lagos）总统政府建立国家政治监禁与刑罚委员会（Comisión Nacional sobre Prisiones Políticas y Torturas），又称瓦莱赫委员会，因为该委员会由塞尔吉奥·瓦莱赫（Sergio Valech）主持，武装成员也参与其中。2005年，瓦莱赫委员会得出结论，在皮诺切特政权期间，受国家特工非法拘留和酷刑对待的人员总数达28459人。

在追溯独裁时期人权侵犯罪行的同时，皮诺切特于1998年在伦敦被捕，这一事件不仅促进了挖掘真相的进程，最重要的是让智利社会开始触碰在此之前禁忌的问题，例如独裁者及其同党积累的大量财富。

帕特里西奥·艾尔文政府是过渡时期的政府，他在任的4年，首要工作是平衡当局与反对派之间的协议，让智利从长期的独裁政权平稳过渡到民主共和政权且正常运转，避免国家在这一过程中遭受创伤或破坏。国家不断进步、政治稳定、经济增长、社会发展，取得的这些成就都得到了国内民众和国际社会的认可。1991年，智利最受欢迎的足球队科洛-科洛获得解放者杯冠军，成为这个民族在经历了多年的暴力、迫害、恐惧与国际孤立之后，一个让人们团结起来欢欣鼓舞的契机。

艾尔文结束执政后，民主联盟在总统选举中持续获胜，先后推选了爱德华多·弗雷·鲁伊斯·塔格莱（Eduardo Frei Ruiz-Tagle）、里卡多·拉各斯和智利历史上第一位女总统米歇尔·巴切莱特（Michelle Bachelet），民主联盟持续当权到2010年。名为"智利联盟"的右派联盟一再失利，好在独裁时期设计的双提名选举制被保留，右派联盟在议会中仍占有重要席位，再加上改革宪法和对重要事项进行立法的法定人数要求，使得执政政府无法毫无顾忌地执行其政策方案。

在政府与反对派的共识中，从2001年开始指导智利财政的结构性平衡政策对保障宏观经济的稳定和躲避世界经济周期性危机的影响具有决定性作用，该政策下创造的资源减轻了世界经济危机对智利人口的影响。该政策根据国库的结构性或永久性收入规范了公共支出的水平。通过这种做法稳定了经济秩序，从而促进了社会稳定与政治稳定，该做法受到统治阶级与国家民众的高度赞赏。

但是，新经济模式的诸多优势也掩盖不了它对海外市场的高度依赖和经济体系脆弱的缺点，这一体系明显缺乏对新技术的投入、创新能力低下、工人劳动条件受限。

政府与反对派之间达成了一些基本共识，例如，就目前智利的经济模式和国际关系而言，直到2010年智利一直保持了制度稳定和经济增长，明显减少了贫困现象，不过贫困阶层与富裕阶层之间的收入差距并没有被改变，甚至还有所扩大，成为引发社会动荡的原因。政府已经为改善这一情况做出了许多努力，特别是在巴切莱特执政期间，政府具有明确的社会工作重点和目标，即克服贫困阶层的社会边缘化、促进边缘人群的社会融合。

21世纪初期，政府对宪法的改革虽然并没有动摇宪法体系的核心，制度仍然存在缺陷，例如选举制度仍然对少数权力拥有者有利，但还是为民主制度的完善提供了可能。经济利益与政治利益的交合是让制度扭曲的另一个因素。同期也实施了大刀阔斧的结构性改革，例如对刑事诉讼程序体系、养老金制度和公共卫生制度的改革，让民众能够更顺畅地获得基本政府服务，或是为贫困人群提供更多的资源。

教育这样的敏感领域也取得了巨大的进步，统计数据表明，1990年到2006年，受教育的人口有着持续稳步的增长。例如，在低收入家庭中，年轻人受教育的平均时长是10.2年，比父辈多3年，是祖辈受教育时间的两倍有余。

高等教育的覆盖率在过去20年里翻了一番，重要的是，在1990年到2003年之间，40%的贫困家庭中的年轻人受高等教育的数量增长了两倍。数据还显示，进入高等教育学府的学生中有70%是家庭中第一代接受了高等教育的人。除此之外，统计数据还显示了托儿所、幼儿园此类的学龄前教育的覆盖率也有持续增长，5岁以下儿童的入学率从1990年的15.9%增长到了2006年的36.9%。

教育覆盖率大幅增长的另一证明是，新生代获得了更多受教育的机会，低收入人群的受教育状况得到了极大的改善。20世纪90年代初，每100名年轻人中有80人上了中学，到了2003年，每100名年轻人中就有93人上了中学；如果回溯到19年前的农村地区，每100个年轻人中只有50人上了中学，到了2003年，则变成了每100人中的84人；从1990年到2003年，未入学的14~17岁青年的比例减少了三分之一，从1990年的19.7%下降到2003年的7.2%。

在经济领域，公共服务私有化仍在继续，通过自由贸易协定的签署，出口商品越发多元化，与海外市场的联系也越发紧密。国家还加大了对城市基础设施建设的投入，如街道、公路和港口建设，这些都是促进经济发展必不可少的因素。不过，国家仍然面临着需要解决能源问题的巨大挑战。

虽然国家巨大的进步让大多数国民的生活条件日益改善，人均生产总值超17000美元，但独立200周年的智利社会正面临着越发动荡的政治体系和社会经济。

智利的经济增长越接近"发展的门槛"，付出的体系不平衡代价就越高，过去20年里的结构性平衡和良好的宏观经济指标并不是总能反映在个人和家庭经济中。尽管个体都付出了努力，但由于教育体系的制度障碍和"市场的残酷性"，并没有达到经济计划之初提出的目标，近年来由学生领导的示威游行引发了对教育盈利和公共教育模型等重要问题的探讨。

公民要求权利的声音越来越高，却没有得到政治阶层的回应，公民要求优质的医疗、教育和基础服务，因为公民在这些方面的付出和回报与他们的社会阶层晋升和生活质量息息相关，这让国家的政治制度和议员等主要政治人物在公民心中失去了威望。近年来，街头抗议不断发生，响应的改革政策要么尚未提出，要么实施得非常缓慢让民众没有耐心，例如，政府已经努力改善体制，批准了选举登记自动注册，取消了强制性投票，只是简单地号召群众投票，2012年的市政选举中公民弃票率达到了60%。这种根深蒂固的挑战制度的观念，已经被智利国民视为国家和民族的基本生存条件。

2010年9月的国庆是智利独立200周年重大的官方庆典，但同年2月的大地震和海啸赶在庆典之前袭击了这个国家，共和国总统塞巴斯蒂安·皮涅拉（Sebastián Piñera）担起了重任，他是1958年后从未有过总统当选的右派势力代表。皮涅拉的新政府不仅要应对地震灾区的重建工作，还要应对公民提出的维护自己权利的要求，民众不再接受社会中的不平等，要求共同发展。

一个批判性社会的期望

在智利独立200周年之际,社会的不满首先体现在了对优质教育体系的要求中,并且民众认为有的教育应该是免费的。社会普遍感到不满,某些重要方面并没有满足民众的期望,教育体系改革成为民众当下最主要的诉求。

教育改革,这一贯穿整个国家历史的目标要求成为当下智利社会提出诉求与抱负的范例。智利民众具备的突出特征包括批判能力强、忍受挫败能力低、对政治制度明显不信任,促使他们通过社交网络渠道积极地表达自己的不满,然后发展成为街头抗议游行。

社会中的中产阶级充分地做好了爆发的准备,他们的特点是知识水平高、对现实不满、渴望改善生活质量、关心生活与工作的具体方式。中产阶级构成了一个非常不安的群体,他们野心勃勃,工作流动性大、难以控制,重视个人自由与性别平等,表现出对专制主义的零容忍,这也是为什么传统的控制机制无法恐吓限制他们的原因。

回顾智利社会历史,对教育体系的不满足是一个长期存在的问题。甚至在智利独立之前,土生白人就开始苦苦抱怨学校设施的缺乏,正是这种不安让共和国在成立之时就建立了智利国立中学；随后，在国家全面发展的过程中，政府花费极大精力建立起了公共教育体系；然而批判的声音从未停止过，整个19世纪都不绝于耳。一遍又一遍地抱怨教育设施、资源、教学能力的不足，一切都与教育体系不足以承担对国民的教育重任有关。

然而到了19世纪与20世纪之交，除了对物资不足的抱怨之外，还多出了对教育体制缺陷的指责，例如指出了教育体系的不平等，只有少数享有特权的人可以享受到公共教育，以及学术方向上偏重人文与百科，脱离实践，不利于学生投入工作。

随着时代的变迁，类似的声音一直没有停止，贯穿了整个20世纪，促进了教育体系的深刻变革。21世纪初期智利社会对教育质量的抱怨无非是历史趋势的延续。

不平等问题或许一直存在于国民教育体系之中，也是智利的社会特征之一。如果说20世纪时，只有极少数的人群进入了免费的教育体系，那么这些人都享受到了最好的教育资源；后来，当教育覆盖率达到顶点，适龄人口都参与教育过程中时，教育质量的差异开始凸显出来，这种差异不仅存在于公立教育与私立教育之间，还存在于公立教育系统中的不同类型的学校之间。

说到结构性不平等，智利国家教育体系中的不平等正是智利社会不平等的真实写照，也就是说智利不同社会群体所接受的教育资源与质量是不平等的，而这也同样出现在医疗福利、公共安全和城市交通方面。

尽管争议不断，公共体系与私立体系之间的差距非但没有缩小反而越来越大，从一般社会经济水平上就能看出不同阶层之间收入分配的不均。

在教育机构内部，尽管当局试图努力改变机构内部人员之间的关系形式和行事方法，但还是出现了在智利大部分历史都占据主导地位的权威主义、等级划分、侵犯行为甚至是暴力。教育系统反映了其成员从其家庭、工作和社交空间中带来的行为习惯。

智利社会长期抱有的另一个期望是通过教育来促进想要实现的社会、经济、政治和文化的变革。人们认为教育是具有变革能力的，但基于智利教育的总体定位、所分配到的社会资源、所具备的运行条件和所处的社会环境，短期内很难实现社会所期望的变革。从这一层面而言，教育系统容忍挫败的能力是非常低的，因此总是处于危机或是困境之中。

从中长期考量教育系统时会发现造成智利教育现状的另一个因素，那就是教学实践的惯性，虽然教育管理制度、教育设施和教学内容一直在更新变化，教学人员也在不断接受培训，但教学实践中的惯性始终没有消失，无视存在了至少一个世纪的负面评价。

尊崇权威和灌输式教学都是智利教育体系中的典型，学生只是做做笔记或是原封不动地写下口述的讲义，鲜有老师与学生之间就讲述内容的提问与回答,这是继承于国立学校最古老的做派,那个时代的学生只能在学校里学会服从,也没有获取知识和信息的其他渠道。

国家通过这样的方式培养或者说是驯化共和国、民族以及经济发展所需要的公民:恭顺且遵守秩序、不挑剔;比起提议更习惯于被驱动;比起主动更习惯于被动;比起躁动更习惯于按部就班;比起冒险更习惯于重复;简而言之,就是甘于被统治。

曾经,进入学校是少数人具有的特权,被认为是入学者一生中的重要时刻,有着里程碑式的意义;而具备资格的教育者更是少数,他们是真正的大师,懂得安静地聆听,避免受到外部或来自自己的干扰,从他们嘴里吐出的都是智慧、高尚的话语,非常受人崇敬。就这样,逐渐形成了僵化、死板、尊崇权威的教学实践与体系,在某种意义上,教师的话语不容置疑、讨论,更不容否认和违背。

这一现实或许在19世纪时对促进新的民族团结起到了一定的积极作用,但也有些副作用,即复制了一个专制的体系,在引发讨论与批判之前,教育者和社会对于这样的体系还是很享受的。

智利教育的另一个不变特征就是社会对它寄予的信任,认为它不仅是自我提升的手段,更是促进社会发展的工具。这无疑也是社会民众眼中教育具备的最重要特征,也正是因为教育拥有的这份强大的力量，让它一直备受国家与民众的关注、批判与质疑。

教育，毋庸置疑地被贴上了促进社会变革、改善个人生活的标签。因此，当许多完成了整个或大部分学业计划的人并没有取得预想的薪资，也没有看到关系经济福祉的社会进步时，会有极大的挫败感。在一定程度上，这种结果是教学质量低下造成的，但与之关系更大的应该是我们的社会文化中存在偏见和刻板印象，并没有看到内部经济存在的巨大差异使教育变得效率低下的现实。

随着时间的流逝，这一现实以隐喻的形式被囚徒乐队（grupo Los Prisioneros）写进了歌曲《多余人的舞蹈》中。这首歌发布于1986年，因其对社会不平等以及底层阶级儿童缺乏教育机会的社会问题的批判，成为智利流行音乐的伟大经典之一。歌中反映，即便一个底层阶级的孩子努力完成了12年的教育，最终还是只能"踢着石头子舞蹈"，没有前途、无所事事；而那些接受过高质量教育的人，12年的教育往往以"光明的未来"画上句号。

尽管智利民众怀抱着美好的意愿，为取得更好的教育大力宣讲、付出努力，但"大多数人的教育"依旧没有得到保障，而那些完成了学业，甚至从大学或某个高等教育机构毕业的受教育者，面临的却不是对自己专业技能的考验，而是对他们社会身份的考验，这其中包括他们的出生背景、居住地、外貌等，总之，社会对他们的评判标准不是基于他们的专业能力或者为人，而是他们从哪里来。

这一现实的表现起源于殖民时期，受教育水平越高的国民，有较大的概率来自社会的上流阶层，其中大多数仍是白种人，是特征明显、拥有欧洲姓氏的国民，而越往下，更多的则是拥有智利姓氏或土著姓氏的混血人种国民。据统计，前者占智利人口总数的5%，聚集了国家大部分的财富与经济权利，后者占人口总数的75%，基本上没有任何权利和财产。毋庸置疑，由于构成智利社会的不同社会经济阶层之间存在着不同的生理和心理特征，已经形成了基于人种和出生的歧视体系。

虽然智利教育并没有完全实现民众给予的改善现实的期望，但这个被等级划分、不平等和暴力打上标签的社会中所发生的闹剧，却是由教室中所传播的民主平等教育及其他人权价值观推动的。

对于绝大部分的智利国民来说，国家从19世纪开始的扩张只是幻象，即便确实存在，也至少是进入20世纪之后的事情。而智利在20世纪下半叶经历的严重动荡也影响到了这个社会中那群远离社会动荡和现实、恐惧暴力与痛苦的人，渗入了智利人民的日常生活，在公共与社会生活中无处不在，于是乎，一代又一代的智利人在这个动荡的社会有了特殊的共同经历，不过国家所描绘的是另一番景象。

写在最后

智利国旗与国徽上的一颗星既代表着其位于南美洲西南端的地理位置,也象征着这个国家从1810年起实现的统一。不过,在1817年启用这面旗帜时,这颗"孤独的星"也映射了为共和与自由而斗争的爱国人士。人民对共和与自由的渴望如此热切,将它们反映在了国家与民族的象征物上,无处不在地遍布整片国土,同时也象征了国家领导者关于共和与自由的规划与抱负,当然也象征了秩序与稳定,因为这是保障新政权稳固的唯一方式。从那时起,智利的许多宣传与历史讲述都偏离了现实,仿佛这个国家已经达成了所谓的"国家之父"们提出的计划,似乎智利就像1947年重新填词的国歌里唱的那样,是"幸福的伊甸园""没有压迫的地方"。

然而,从国家的发展轨迹,特别是20世纪下半叶的发展情况来看,国歌中关于智利的比喻和史学家们反复颂扬的社会就像已经消亡的星星一样遥远,遥远得即便它早已不存在,我们仍然能看到它的光芒,在我们眼前形成一幅不存在的"星空景观",同理,历史学家们所颂扬的智利历史在现实中并没有存在过。

在19世纪时，这样的宣传对于促进国家团结和保障共和制度来说或许是十分有用甚至必不可少的，所以一直延续了下来，不过今天，人们已经明显地察觉到，历史书上所描写的自由社会与美好生活根本就不存在，或许也从来没有存在过，有的只是作为安慰剂的远景和规划。

智利对自己的独立与建国历史的总结更像是虚构的自我认知，而不是对国家与民族历史发展的深入研究，虽然并不真实存在，却在距离现实上光年远的地方依旧闪烁着光辉。

关于智利的传统史学观念仍在继续传播，就像太空中的光一样，虽然没有来源，却造就了充满鬼神的苍穹，智利的传统史学观念就是如此定义了一个从未存在过的实体，一个并不存在的智利。现实中的智利面临着艰苦卓绝的生存考验，如复杂的现代化、全球化带来的挑战，以及无力修正的日益增长的社会不平等，与国家愿景中的发展轨迹相矛盾，现在人们意识到，尽管智利在其恢弘的历史轨迹中（尤其是近30年里）取得了一些非凡的成就，大部分人口的客观生存条件并没有得到太大的改善。

这也是主要的海外发声者看到的景象，尽管智利取得的宏观经济成就和机构改革成就得到了国际社会甚至部分智利民众（特别是享受成就带来的福利的民众）的认可，但对于大多数智利人来说，对个人与家庭生活不满的情况越来越严重。

历史几乎总是如此，国民个体的实际情况与社会整体所呈现的情况并不相符，直到现在，人们才开始有机会在历史中总结各个社会阶层的普通生活与艰难境遇。

真正让这个国家的发展进程变得具体的是每个时代发生的变化，它融入全球化过程、本土身份意识的强化过程、侵犯人权的惨痛教训、被迫开始的对少数人的尊重、政治体系立法性与代表性的缺乏、受良好教育的中产阶级的不断壮大、儿童和妇女等新社会力量的登台，等等，这些改变的现实意义远远超过了共和国伟大的民族愿景。它们不仅切实地解释了这个国家如何发展至现在的局面，还真实地反映了智利民众是如何经历这一过程的，民众如何应对历史发展给他们的生活带来的具体挑战。真正的历史追求的不应该是一个单一的故事，而是丰满的历史碎片。所以智利的国家历史不应该是这个国家发展轨迹的概述，而是国家发展进程的不同参与者的多元历史，应当包括不同的发展主体、发展节奏，不同个体面对的不同财富与发展机遇。

对多元化的尊重和差异的接受也许是这个国家在20世纪与21世纪之交时经历的最大变化。结构性的变化在十分缓慢地发生着，有时甚至难以被发觉，但势不可挡并以多种方式表现出来，不过没有哪种方式能够与传统历史中建立了国家的伟大事迹相提并论。这就要求历史学家用一种新的方式来书写智利的历史，让现实生活中的各个社会群体都成为推动历史的主角：群众、消费者、公民、少数人种……我们希望有一天当下能成为永久的历史，而不是像在智利已经长时间流传的那段过往一样，只是终将消逝的流星。

参考文献 ①

智利这个国家的特征之一让它得到了"史学家之国"的头衔。这一头衔源于智利大量存在的长篇历史叙事作品和丰富的史学传统，除了作品数量多、涵盖范围广，史学作品在商业上的成功也值得一提。或许，是19世纪国家取得民族认同的需要和度过20世纪制度危机的需要造就了智利史学的繁荣。

从通史类的历史作品来看，这些作品的风格经历了从经典实证主义到历史解读与散文的演变，例如：

Claudio Gay在1844年到1871年间在该国发行的 *Historia física y política de Chile*，该书由Casa del autor出版社出版，分为历史与社会两部分，共12个章节；

Diego Barros Arana 在1884年到1902年间发行的16卷作品 *Historia general de Chile*，由其遗孀Josefina 在Rafael Jover出版社出版；

---

① 若未特别说明，提及的文献均在智利圣地亚哥出版。若文献原版为其他语言，在此列出的是最新的西班牙文版本。多人共同编辑的文献在此只列出一位编辑。——作者注

Francisco A. Encina在1938年到1952年间发行的作品 *Historia de Chile*，由Nascimento出版社出版；

Sergio Villalobos 所著的*Historia del pueblo chileno* (Instituto de Estudios Humanísticos, Zig-Zag y Universitaria, 4 vols., 1980-2000)；

Gonzalo Vial所著的*Historia de Chile* (Santillana y Zig-Zag, 5 vols., 1981-2001)；Alfredo Jocelyn-Holt所著的*Historia general de Chile* (Planeta, 3 vols., 2000-2004)；

以及由Gabriel Salazar和Julio Pinto所著的*Historia contemporánea de Chile* (Lom, 5 vols., 1999-2002)。

近期综合性和解释性史学作品：

Historia de Chile, 1808-1994 (马德里, Cambridge University Press, 1999), Simon Collier y William F. Sater著；

The Legacy of Hispanic Capitalism (纽约, Oxford University Press, 2001), Brian Loveman著；

Historia de los chilenos (Taurus, 4 vols., 2006-2010), Sergio Villalobos著, *Chile, Cinco siglos de historia*；

Desde los primeros pobladores prehispánicos, hasta el año 2006 (Zig-Zag, 2 vols., 2009), Gonzalo Vial汇编。

以下作品在介绍拉丁美洲整体发展历史的同时也介绍了每个

阶段拉丁美洲各个国家的发展情况：

Historia de América Latina (巴塞罗那，Crítica, 16 vols., 1990-2002), Leslie Bethell主编；

Historia general de América Latina de la unesco (马德里, Trotta, 9 vols., 2000)；

Para una historia de América (墨西哥，El Colegio de México, 1999), Marcello Carmagnani 等著。

一些关于智利历史的解释性散文对公众长期以来有着重要的影响，例如：

La fronda aristocrática (El Mercurio, 1928), Alberto Edwards著；

el Ensayo crítico del desarrollo económico y social de Chile (Universitaria, 1955), Julio Cesar Jobet著；

Chile, un caso de desarrollo frustrado (Universitaria, 1959), Aníbal Pinto Santa Cruz著；

La interpretación marxista de la historia de Chile (Prensa Latinoamericana, 1967), Luis Vitale著；

El mito de Chile (Universitaria, 1971), Ariel Peralta著。

1973年军事政变之后，一批史学作品解读了这个国家从1973开始经历的事件，如：

La noción de Estado en Chile. Siglos xix y xx (La Ciudad, 1981), Mario Góngora著;

Origen y ascenso de la burguesía chilena (Universitaria, 1987), Sergio Villalobos著;

La revolución silenciosa (Zig-Zag, 1987), Joaquín Lavín著;

Los silencios de la revolución (La Puerta Abierta, 1988), Eugenio Tironi著;

El quiebre de la democracia en Chile (Universidad Diego Portales [UDP], 2013), Arturo Valenzuela著;

Chile actual: anatomía de un mito (Lom, 1997), Tomás Moulian著。

专业期刊类出版物也是智利史学成果中的重要部分,在此列出一些比较著名、历史比较悠久的史学类期刊,如:

la Revista Chilena de Historia y Geografía (Sociedad Chilena de Historia y Geografía发行,创刊于1911年);

el Boletín de la Academia Chilena de la Historia (Academia Chilena de la Historia发行,创刊于1933年);

Historia (Pontificia Universidad Católica de Chile [PUC], 创刊于1961年);

Nueva Historia (伦敦, Asociación de Historiadores Chilenos,

1981—1989);

Cuadernos de Historia (Universidad de Chile [uch]发行，创刊于1981年);

Revista de Historia (Universidad de Concepción发行，创刊于1981年);

Dimensión Histórica de Chile (Universidad Metropolitana de Ciencias de la Educación发行，创刊于1984年);

Historia Social y de las Mentalidades (Universidad de Santiago [USACH]发行，创刊于1999年)。

其中，*Historia* (Pontificia Universidad Católica de Chile [PUC]，创刊于1961年)是唯一被ISI收录的期刊，该刊物自1961年出版发行的版本均能在网上的"书目文件夹"中检索到电子版，从1961年起，这部专业年鉴就开始提供截至该刊物发表之时的关于智利的其他出版物信息。

为了加强智利史学文献在电子信息世界的发展，通过智利国家图书馆的官方主页能查到许多关于智利历史的基本参考资料，网址为www.memoriachilena.cl。

我在此根据历史时期或不同主题、实践列举一些最近几十年内出版的智利历史文献，为想要深入了解该国历史的读者提供阅读指引。

以下是跨越多个历史时期,研究智利历史上某些受关注和研究较少的问题与主题的作品:

La cultura chilena (Universitaria, 1984), Hernán Godoy著;

Estudios sobre la historia del arte en Chile republicano (uch, 1992), Eugenio Pereira Salas著;

Santiago de Chile (Mapfre, 1992), Armando de Ramón著;

Mateo Martinic所著的*Historia de la región magallánica* (Punta Arenas, Universidad de Magallanes, 1992)和*De la Trapananda al Áysen* (Pehuén, 2005);

La narrativa chilena. Desde la independencia hasta la Guerra del Pacífico (Editorial Andrés Bello, 2 vols., 1999-2001), Carlos Foresti著;

Historia del ferrocarril en Chile (Dirección de Bibliotecas, Archivos y Museos [Dibam], 2000), Ian Thomson与Dietrich Angerstein著;

Historia política de Chile y su evolución electoral (Desde 1810 a 1992) (Editorial Jurídica, 1992), Germán Urzúa Valenzuela著;

La identidad chilena (Lom, 2001), Jorge Larraín著;

La imagen del otro en las relaciones de la Argentina y Chile (1534-2000) (Fondo de Cultura Económica [FCE], 2003), Pablo

Lacoste著；

Historia naval del reino de Chile, 1520-1826 (Compañía Sudamericana de Vapores, 2004), Isidoro Vásquez de Acuña著；

Pintura chilena. Doscientos años (Origo, 2006), Ricardo Bindis著；

Historia de la infancia en el Chile republicano. 1810-2010 (Junta Nacional de Jardines Infantiles, 2010), Jorge Rojas著；

La historiografía chilena (1842-1970) (Taurus, 2 vols., 2006–2009), Cristián Gazmuri著；

Ecología y ciencias naturales. Historia del conocimiento del patrimonio biológico de Chile (Dibam, 2012), Pablo Camus著。

还有一些由多位作家共同完成的作品，如：

Historia de la ingeniería en Chile (Hachette, 1990)；

Economía chilena 1810-1995. Estadísticas históricas (PUC, 2000)；

Historia de la vida privada en Chile (Taurus, 3 vols., 2005–2007)；

Camino a La Moneda. Las elecciones presidenciales en la historia de Chile, 1920-2000 (Centro de Estudios Bicentenario [Bicentenario], 2005)；

Justicia, poder y sociedad en Chile: recorridos históricos (UDP, 2007);

Fragmentos para una historia del cuerpo en Chile (Taurus, 2009);

Nación y nacionalismo en Chile. Siglo XIX (Bicentenario, 2 vols., 2009);

Historia de la Iglesia en Chile (Universitaria, 3 vols., 2009);

Guerra, región y nación. La Confederación Perú-Boliviana. 1836-1839 (UDP, 2009), *Chile y la Guerra del Pacífico* (Bicentena rio, 2010);

Historia de las mujeres en Chile (Taurus, 2010-2013);

Las revoluciones americanas y la formación de los estados nacionales (Dibam, 2013);

Brian Loveman 与 Elizabeth Lira所著的系列作品*Las suaves cenizas del olvido. Vía chilena de reconciliación política 1814-1932* (Lom, 1999);

Las ardientes cenizas del olvido. Vía chilena de reconciliación política 1932-1994 (Lom, 2000);

El espejismo de la reconciliación política. Chile 1990-2002 (Lom, 2002)。

关于智利与巴西及其他邻国历史发展对比的作品：

La evolución histórica de Chile en relación con la de sus vecinos y Brasil, se puede encontrar en *Chile-Perú, Perú-Chile: 1820-1920. Desarrollos políticos, económicos y culturales* (Valparaíso, Pontificia Universidad Católica de Valparaíso [PUCV], 2005);

Chile-Bolivia, Bolivia-Chile: 1820-1930. Desarrollos políticos, económicos y culturales (Valparaíso, PUCV, 2008);

Estado y nación en Chile y Brasil en el siglo xix (PUC, 2010)，以及*Chile-Argentina, Argentina-Chile: 1820-2010. Desarrollos políticos, económicos y culturales* (Valparaíso, PUCV, 2012)。

科学家、专业技术人士的作品对智利国家自然资源进行了全面的总结，对共和国的社会经济发展起到了重要作用，在智利天主教大学的发起下，这些作品被汇编成了一部100卷的全集，名为*Biblioteca Fundamentos de la Construcción de Chile, la Biblioteca Nacional y la Cámara Chilena de la Construcción (2007-2013)*。

想要对智利的地理历史有所了解，可以参见以下文献：

La Expedición Malaspina en la frontera austral del imperio español (Universitaria, 2004)，Rafael Sagredo Baeza与José Ignacio González著；

Atlas de la historia física y política de Chile (Lom, 2010), Claudio Gay著;

Chile ilustrado (Valparaíso, El Mercurio, 1872), Recaredo Tornero著;

Chile a través de la fotografía. 1847-2010 (Lima, Mapfre, 2010), Fundación Mapfre著。

若要了解智利领土发展变迁的历史可参见以下文献:

Cartografía histórica de Chile (Biblioteca Fundamentos de la Construcción de Chile, 2010); *Cartografía magallánica, 1523-1945* (Universidad de Magallanes, 1999), Mateo Martinic著;

以及Gabriel Guarda与Rodrigo Moreno汇编的地图集 *Monumenta cartographica chiloensia. Misión, territorio y defensa, 1596-1826*与*Monumenta cartographica valdiviensae. Territorio y defensa, 1551-1820,* 这两部作品由Corporación de Amigos del Patrimonio Cultural de Chile分别在2008年和2010年出版;

以及地图集*Atlas de la República de Chile* (2005), Instituto Geográfico Militar著。

关于前哥伦布时期的总结性历史作品:

Los primeros americanos y sus descendientes (1988), Museo de Arte Precolombino著;

Editorial Andrés Bello出版社出版的*Culturas de Chile. Prehistoria. Desde sus orígenes hasta los albores de la conquista (1989)*，以及 María Ester Grebe Vicuña *Culturas indígenas de Chile: un estudio preliminar* 所著的 (Pehuén, 2010)。

关于北部居民的历史作品有José Luis Martínez所著的 *Pueblos del chañar y el algarrobo*、*Los atacamas en el siglo XVII* (Dibam, 1998) 和Jorge Hidalgo所著的*Historia andina de* (Universitaria, 2004);

关于阿劳科人和马普切人的历史作品:

José Bengoa所著的 *Historia del pueblo mapuche* (Sur, 1985);

Leonardo León所著的*Maloqueros y conchavadores en Araucanía y las Pampas, 1700-1800* (Temuco, Universidad de La Frontera);

Rolf Foerster所著的*Jesuitas y mapuches, 1593-1767* (Universitaria, 1996);

Luis Carlos Parentini所著的*Introducción a la etnohistoria mapuche* (Dibam, 1996);

Guillaume Boccara所著的*Los vencedores: historia del pueblo mapuche en la época colonial* (San Pedro de Atacama, Universidad Católica del Norte, 2009)。

关于美洲南部尽头土著的历史文献有Rubén Stehberg所著

的 *Arqueología histórica antártica. Aborígenes sudamericanos en los mares subantárticos en el siglo XIX* (Dibam, 2003)。

关于征服与殖民时期的社会历史，可以参见以下文献：

Estudios de historia económica colonial (Universitaria, 1998), Mario Góngora著；

Sociedad y población rural en la formación de Chile actual: La Ligua 1700-1850 (Universitaria, 1988), Rolando Mellafe与René Salinas著；

Los mecanismos de la vida económica en una sociedad colonial. Chile 1680-1830 (Dibam, 2001), Marcello Carmagnani著；

La vida fronteriza en Chile (Mapfre, 1992), Sergio Villalobos著；

由Isabel Cruz汇编、智利天主教大学出版的系列作品*Arte y sociedad en Chile. 1550-1650* (1986), *La fiesta. Metamorfosis de lo cotidiano (1995)*、*El traje. Transformaciones de una segunda piel (1996)* 和 *La muerte. Transfiguración de la vida* (1998)；

Orígenes de la vida económica chilena, 1659-1808 (Centro de Estudios Públicos [CEP], 1982), Armando de Ramón与José Manuel Larraín著；

Eduardo Cavieres所著的*El comercio chileno en la economía*

mundo colonial (Valparaíso, PUCV, 1996)和*Servir al soberano sin detrimento del vasallo. El comercio hispano colonial y el sector mercantil de Santiago de Chile en el siglo XVIII* (Valparaíso, PUCV, 2003);

René Salinas所著的*Amor, sexo y matrimonio en Chile tradicional* (Valparaíso, PUCV, 1991)。

还有一些关于殖民时期某个重要人物或者主题的专著，如：

Sergio Villalobos所著的 *Los pehuenches en la vida fronteriza* (PUC,1989) 和 *Vida fronteriza en la Araucanía. El mito de la Guerra de Arauco* (Andrés Bello, 1995);

Jorge Pinto Rodríguez所著的*La población del Norte Chico en el siglo XVIII. Crecimiento y distribución en una región minero-agrícola de Chile* (La Serena, Universidad del Norte, 1980);

Santiago Lorenzo所著的*Origen de las ciudades chilenas. Las fundaciones del siglo XVIII* (Andrés Bello, 1983);

Andrea Ruiz-Esquide,所著的*Los indios amigos en la frontera araucana* (Dibam, 1993);

Alejandra Araya所著的 *Ociosos, vagabundos y malentretenidos en Chile colonial* (Dibam, 1999);

Gabriel Guarda所著的*Joaquín Toesca. El arquitecto de La*

Moneda, 1752-1799 (PUC, 1997);

Jaime Valenzuela所著的*Las liturgias del poder. Celebraciones públicas y estrategias persuasivas en Chile colonial (1609-1709)* (Dibam, 2001);

Emma de Ramón所著的*Obra y fe. La catedral de Santiago. 1541-1769 (Dibam, 2002)*;

Tomás Cornejo所著的*Manuela Orellana, la criminal. Género, cultura y sociedad en el Chile del siglo XVIII* (Tajamar, 2006);

Rodrigo Moreno所著的*Misiones en Chile austral: los jesuitas en Chiloé, 1608-1768* (Sevilla, Consejo Superior de Investigaciones Científicas [CSIC], 2007);

Ximena Urbina所著的*La frontera de arriba en Chile colonial: interacción hispano-indígena en el territorio entre Valdivia y Chiloé e imaginario de sus bordes geográficos 1600-1800* (Valparaíso, PUCV, 2009);

Gabriel Guarda所著的*La edad media de Chile. Historia de la Iglesia. Desde la fundación de Santiago a la incorporación de Chiloé, 1541-1826* (PUC, 2011);

Verónica Undurraga所著的*Los rostros del honor. Normas culturales y estrategias de promoción social en Chile colonial, siglo*

XVIII (Dibam, 2013)。

独立时期和共和国组建时期或许是智利史学界研究最多的两个时期，一般通史类的作品都会对这两个时期进行重点介绍，除此之外还有大量的史学作品对1810年到1833年间的各方面现象进行专门的分析。我在此列举一些近期出版的综合性历史文献和重要专著，为期望深入了解该时期历史的读者提供阅读指导。

通史类作品：

La independencia de Chile. Tradición, modernización y mito (Mapfre, 1992)，Alfredo Jocelyn-Holt著；

*Sobre la independencia en Chile. El fin del Antiguo Régimen y los orígenes de la representación moderna (*Valparaíso, PUCV, 2012)，Eduardo Cavieres著；

深入研究该时期某些人物、主题和问题的专著类作品：

una falsificación histórica (Universitaria, 1989)，Sergio Villalobos, Portales著；

La contrarrevolución de la independencia en Chile (Dibam, 2002)，Cristián Guerrero著；

Construcción de Estado en Chile (1800-1837): democracia de los "pueblos". Militarismo ciudadano. Golpismo oligárquico (Sudamericana, 2005)，Gabriel Salazar著；

¡*Chile tiene fiesta! El origen del 18 de septiembre (1810-1837)* (Lom, 2007), Paulina Peralta著;

De la colonia a la República. Los catecismos políticos americanos, 1811-1827 (Mapfre, 2009), Rafael Sagredo Baeza著;

¿Chilenos todos? La construcción social de la nación (1810-1840) (Lom, 2009), Julio Pinto y Verónica Valdivia著;

Concepción contra "Chile". Consensos y tensiones regionales en la Patria Vieja (1808-1811) (Bicentenario, 2010), Armando Cartes著;

Ni patriotas ni realistas. El bajo pueblo durante la independencia de Chile, 1810-1822, (Dibam, 2011), Leonardo León著。

下面是一些反映智利19世纪政治演进过程中的特殊阶段的作品:

Democratización vía reforma: la expansión del sufragio en Chile (布宜诺斯艾利斯, IDES, 1985), J. Samuel Valenzuela著;

El "48" chileno. Igualitarios, reformistas, radicales, masones y bomberos (Universitaria, 1992), Cristián Gazmuri著;

La formación del Estado y la nación y el pueblo mapuche. De la inclusión a la exclusión (Universidad de La Frontera, 2000), Jorge Pinto著;

La seducción de un orden. Las élites y la construcción de Chile en las polémicas culturales y políticas del siglo XIX (PUC, 2000), Ana María Stuven著;

Chile. La construcción de una república, 1830-1865. Política e ideas (PUC, 2005), Simon Collier著;

¿Qué hacer con Dios en la república? Política y secularización en Chile (1845-1885) (FCE, 2008), Sol Serrano著;

Los acordes de la patria. Música y nación en el siglo XIX chileno (Globo Editores, 2008), Rafael Pedemonte著;

La guerra contra la Confederación. Imaginario nacionalista y memoria colectiva en el siglo XIX chileno (UDP, 2011), Gabriel Cid著。

经济社会方面的历史可以参见以下文献:

Labradores, peones y proletarios. Formación y crisis de la sociedad popular chilena del siglo XIX (Sur, 1985), Gabriel Salazar著;

Comercio chileno y comerciantes ingleses, 1820-1880 (Universitaria, 1988), Eduardo Cavieres著;

La sociedad rural chilena. Desde la conquista española a nuestros días (Andrés Bello, 1994), Arnold Bauer著;

Un siglo de historia económica de Chile, 1830-1930 (Universitaria, 1990), Carmen Cariola 与Osvaldo Sunkel著;

Expansión minera y desarrollo industrial: un caso de crecimiento asociado (Chile, 1850-1914) (USACH, 1991), Julio Pinto 与Luis Ortega著;

Historia económica de Chile. Políticas y teorías monetarias en Chile, 1810-1925 (Universidad Gabriela Mistral [UGM], 1994), René Millar著;

José Tomás Urmeneta. Un empresario del siglo XIX (Dibam, 1994), Ricardo Nazer著;

¿Qué hacer con los pobres? Élite y sectores populares en Santiago de Chile, 1840-1895 (布宜诺斯艾利斯, Sudamericana, 1997), Luis Alberto Romero著;

De la "regeneración del pueblo" a la huelga general. Génesis y evolución histórica del movimiento popular en Chile (1810-1890) (Dibam, 1998), Sergio Grez著;

Desarrollo industrial y subdesarrollo económico. El caso chileno (1860-1920) (Dibam, 1998), Marcello Carmagnani著;

La flor del desierto. El mineral de Caracoles y su impacto en la economía chilena (Dibam, 2000), Carmen Gloria Bravo著;

Poder, mercado y Estado. Los bancos de Chile en el siglo XIX (Lom, 2003), César Ross著;

Encierro y corrección: la configuración de un sistema de prisiones en Chile (1800-1911) (Universidad Central, 2003), Marco Antonio León著;

La exportación minera en Chile 1800-1840 (Universitaria, 2004), Luz María Méndez著;

Relaciones de solidaridad y estrategia de reproducción social en la familia popular del Chile tradicional (1750-1860) (马德里, CSIC, 2006), Igor Goicovich著;

Poder rural y estructura social, Colchagua, 1760-1860 (PUCV, 2005), Juan Cáceres著;

Mercaderes, empresarios y capitalistas (Chile, siglo XIX) (Sudamericana, 2009), Gabriel Salazar著;

Tecnología, Estado y ferrocarriles en Chile, 1850-1950 (墨西哥, Fundación de los Ferrocarriles Españoles, 2007), Guillermo Guajardo著;

El comercio minero terrestre entre Chile y Argentina. 1800-1840. Caminos, arriería y exportación minera (UCH, 2009), Luz María Méndez著;

Gobernar la pobreza. Prácticas de caridad y beneficencia en la ciudad de Santiago, 1830-1890 (Dibam, 2011), Macarena Ponce de León著；

De empresarios a empleados. Clase media y estado docente en Chile, 1810-1920 (Lom, 2011), Marianne González著；

Centralidad geográfica, marginalidad política: La región de Tacna-Arica y su comercio, 1778-1841 (Dibam, 2013), Jaime Rosenblitt著。

以下是关于智利社会日常、民众情感、家庭制度、社会结构与社会文化的史学作品：

La prostitución en Santiago (1813-1930) (Dibam, 1994), Álvaro Góngora著；

Sepultura sagrada, tumba profana. Los espacios de la muerte en Santiago de Chile, 1883-1932 (Dibam, 1997), Marco Antonio León著；

Afectos e intimidades. El mundo familiar en los siglos XVII, XVIII y XIX (PUC, 2007), Teresa Pereira著；

Dar a luz en Chile, siglo XIX. De la "ciencia de hembra" a la ciencia obstétrica (Dibam, 2007), María Soledad Zárate著；

Las voces de la justicia. Delito y sociedad en Concepción (1820-1875) (Dibam, 2008), Mauricio Rojas著；

Vida conyugal, maltrato y abandono. El divorcio eclesiástico en

Chile, 1850-1890 (Universitaria, 2011), Francisca Rengifo著。

关于硝石及其对智利社会经济影响的作品:

Gobierno chileno y salitre inglés, 1886-1896. Balmaceda y North (Andrés Bello, 1974), Harold Blakemore著;

The Nitrate Industry and Chile's Crucial Transition: 1870-1891 (纽约, New York University Press, 1982), Thomas O'Brien著;

Historia del salitre desde la Guerra del Pacífico hasta la Revolución de 1891 (Pampa Desnuda, 1984), Oscar Bermúdez著;

Trabajos y rebeldías en la pampa salitrera. El ciclo del salitre y la reconfiguración de las identidades populares (1850-1900) (Lom, 1998), Julio Pinto著;

Influencia británica en el salitre. Origen, naturaleza y decadencia (USACH, 1998), Alejandro Soto Cárdena著;

Crecimiento sin desarrollo. Precios y salarios reales durante el ciclo salitrero en Chile (1880-1930) (Universitaria, 2012), Mario Matus著。

下面是一些介绍智利19世纪的文化、教育、艺术与知识生活主要特征的作品:

Balmaceda en la poesía popular, 1886-1896 (Dibam, 1993) Micaela Navarrete著;

Universidad y nación. Chile en el siglo XIX (Universitaria, 1994), Sol Serrano著;

Historia de la educación en Chile (1810-2010) (Taurus, 2013), Sol Serrano著;

La educación primaria popular en el siglo XIX en Chile. Una práctica política estatal (Dibam, 2000), María Loreto Egaña著;

Andrés Bello: la pasión por el orden (Universitaria, 2001), Iván Jaksić著;

El surgimiento de la educación secundaria pública en Chile (El plan de estudios humanista), 1843-1876 (Dibam, 2002), Nicolás Cruz著;

Historia de las ideas y de la cultura en Chile (Universitaria, 4 vols., 1997-2007), Bernardo Subercaseaux著;

Un juez en los infiernos. Benjamín Vicuña Mackenna (UDP, 2009), Manuel Vicuña著。

下面是关于智利19世纪的自然学家与科学发展的作品:

Claudio Gay y la formación de la identidad cultural chilena (Universitaria, 2001), Luis Mizón著;

La ciencia en el Chile decimonónico (Universidad Tecnológica Metropolitana, 2004), Zenobio Saldivia著;

Educación, ciencias y artes en Chile, 1797-1843 (Ril Editores, 2011), Claudio Gutiérrez著;

La ruta de los naturalistas. Las huellas de Gay, Domeyko y Philippi (Fyrma Gráfica, 2012), Rafael Sagredo Baeza著。

以下作品是对自由社会的特点、演进与政治实践的分析:

Historia de Chile. El periodo parlamentario. 1861-1925 (Andrés Bello, 1974), Julio Heise González著;

El modo de ser aristocrático. El caso de la oligarquía chilena hacia 1900 (Instituto Chileno de Estudios Humanísticos, 1978), Luis Barros y Ximena Vergara著;

Resumen de la historia de Chile. 1891-1925 (Zig-Zag, 1982), Leopoldo Castedo著;

Vapor al norte, tren al sur. El viaje presidencial como práctica política en Chile. Siglo XIX (Dibam, 2001), Rafael Sagredo Baeza著;

La belle époque chilena. Alta sociedad y mujeres de élite en el cambio de siglo (Sudamericana, 2001), Manuel Vicuña著;

La Guerra Civil de 1891. La irrupción política de los militares en Chile (Bicentenario, 2 vols., 2007), Alejandro San Francisco著;

Las reinas del Estado. Consumo, grandes tiendas y mujeres en la modernización del comercio de Santiago (1880-1930) (PUC, 2011), Jacqueline Dussaillant著。

在1911年贡萨洛·布尔内斯(Gonzalo Bulnes)正式命名这一时期的战争为"太平洋战争"之后，出现了一些军事类历史作品，解释和分析了这一时期的战争由来、过程与影响，如：

La imagen heroica de Chile: Arturo Prat, santo secular (Bicentenario, 2005), William Sater著；

Arturo Prat (Andrés Bello, 1995), Gonzalo Vial著；

Presencia de la mujer en la Guerra del Pacífico (UGM, 2002), Paz Larraín著；

Chile y Perú. La historia que nos une y nos separa 1535-1883 (Universitaria, 2002), Sergio Villalobos著；

Los huérfanos de la Guerra del Pacífico: el "Asilo de la Patria" (Dibam, 2006), David Home著；

Guerreros civilizadores. Política, sociedad y cultura en Chile durante la Guerra del Pacífico (udp, 2011), Carmen Mc Evoy著。

关于20世纪发展进程的总结性作品：

Historia de Chile en el siglo XX (Emisión, 1985), Mariana Aylwin等著；

la Historia del siglo XX chileno (Sudamericana, 2001) de Sofía Correa等人著。

智利20世纪经济史：

Chile y Gran Bretaña durante la primera Guerra Mundial y la posguerra, 1914-1921 (PUC, 1986), Juan Ricardo Couyoumdjian 著；

Un siglo de economía política chilena (1890-1990) (Andrés Bello, 1996), Patricio Meller著。

阐述智利20世纪社会发展、特征与冲突的作品：

La elección presidencial de 1920 (Universitaria, 1981), René Millar著；

Trabajadores urbanos y sindicatos en Chile: 1902-1927 (Dibam, 2007), Peter DeShazo著；

Socialismo y populismo. Chile, 1936-1973 (Valparaíso, PUCV, 1992), Paul Drake著；

Discusiones entre honorables. Las candidaturas presidenciales de la derecha, 1938-1946 (Facultad Latinoamericana de Ciencias Sociales [Flacso], 1990), Tomás Moulian 与Isabel Torres著；

Sergio González所著的 *Hombres y mujeres de la Pampa. Tarapacá en el ciclo de expansión del salitre* (Lom, 1991)和

Chilenizando a Tunupa. La escuela pública en el Tarapacá andino, 1880-1990 (Dibam, 2002);

La dictadura de Ibáñez y los sindicatos (1927-1931) (Dibam, 1993), Jorge Rojas著;

En el nombre del pueblo, del Estado y de la ciencia". Historia social de la salud pública. Chile, 1880-1973 (Ministerio de Salud, 1993), María Angélica Illanes著;

Chile, de Alessandri a Pinochet: en busca de la utopía (Andrés Bello, 1993), Allan Angell著;

Abismo y cimiento. Gustavo Ross y las relaciones entre Chile y Estados Unidos, 1932-1938 (PUC, 1997), Joaquín Fermandois著;

Larissa Adler 与 Ana Melnick, 所著的*Neoliberalismo y clase media. El caso de los profesores de Chile* (Dibam, 1998) 和*La cultura política chilena y los partidos de centro. Una explicación antropológica* (FCE, 1998);

Historia de un conflicto. El Estado y los mapuches en el siglo XX (Planeta, 1999), José Bengoa著;

Labores propias de su sexo. Género, políticas y trabajo en Chile urbano, 1900-1930 (Lom, 2006), Elizabeth Hutchison著;

Cultura de masas: reforma y nacionalismo en Chile. 1910-1931

(Dibam, 2002), Stefan Rinke著;

El golpe después del golpe. Leigh vs. Pinochet. Chile, 1960-1980 (Lom, 2003), Verónica Valdivia著;

Historia social de la música popular en Chile (PUC, 2 vols., 2003-2009), Juan Pablo González 与Claudio Rolle著;

Con las riendas del poder: la derecha chilena en el siglo XX (Sudamericana, 2005), Sofía Correa著;

La mujer de derecha: el poder femenino y la lucha contra Salvador Allende, 1964-1973 (Lom, 2008), Margaret Power著;

La tierra para el que la trabaja. Género, sexualidad y movimientos campesinos en la reforma agraria chilena(Lom, 2009), Heidi Tinsman著;

La población de la Araucanía en el siglo xx. Crecimiento y distribución espacial (Temuco, Universidad de La Frontera, 2009), Jorge Pinto著;

Clase media, Estado y sacrificio: la Agrupación Nacional de Empleados Fiscales en Chile contemporáneo (1943-1983) (Lom, 2013), Azun Candina著;

¡De película! Hollywood y su impacto en Chile, 1910-1950 (Taurus, 2012), Fernando Purcell著。

专门阐述人民团结阵线时期历史的作品：

Joaquín Fermandois所著的*Chile y el mundo, 1970-1973. La política exterior del gobierno de la Unidad Popular y el sistema internacional* (PUC, 1985) 和*la Revolución inconclusa. La izquierda chilena y el gobierno de la Unidad Popular* (CEP, 2013);

Los partidos políticos y el golpe del 11 de septiembre (Chile América, 2000), Luis Corvalán著;

1973. La vida cotidiana de una año crucial (Planeta, 2003), Claudio Rolle等著;

Cuando hicimos historia. La experiencia de la Unidad Popular (Lom, 2005), Julio Pinto 等著;

El gobierno de Allende y la guerra fría interamericana (UDP, 2013), Tanya Harmer著;

Revolucionarios cibernéticos. Tecnología y política en el Chile de Salvador Allende (Lom, 2013), Edén Medina著。

除此之外，还有许多重要政治人物撰写的或通过他们口述写下的关于智利近50年的政治编年史和回忆录，如：

Ascanio Cavallo所著的*Historia oculta del régimen militar* (La Época, 1988)、*Los hombres de la transición* (Andrés Bello, 1992)与*la Historia oculta de la transición: Chile, 1990-1998* (Grijalbo,

1998);

以及一些近50年内重要人物的传记,如:Volodia Teitelboim 所著的*Neruda* (Losada, 1985) 与 *Gabriela Mistral, pública y secreta* (Bat, 1991); *Jorge Alessandri*, 1896-1986 (Zig-Zag, 1996), Patricia Arancibia y otros等著;

Eduardo Frei Montalva y su época (Aguilar, 2000), Cristián Gazmuri等著;

Allende. Un ensayo psicobiográfico (Sudamericana, 2003), Diana Veneros著;

Pinochet. La biografía (Aguilar, 2002), Gonzalo Vial著。

智利近期的历史回忆录:

El régimen de Pinochet (Sudamericana, 2000), Carlos Huneeus著;

Steve Stern所著的三部曲 *La caja de la memoria del Chile de Pinochet* (UDP, 2009);

Su revolución contra nuestra revolución. Izquierdas y derechas en el Chile de Pinochet (1973-1981) (Lom, 2006), Verónica Valdivia等著;

Rojo atardecer. El comunismo chileno entre dictadura y democracia (Dibam, 2009), Alfredo Riquelme著;

Ríe cuando todos estén tristes. El entretenimiento televisivo bajo la dictadura de Pinochet (Lom, 2012), Sergio Durán著;

Chile, memorias de La Moneda. La (re)construcción de un símbolo político (马德里, Universidad Autónoma de Madrid, 2012), María Chiara Bianchini著。

最后，我再介绍两部能帮助读者了解影响智利历史和社会发展轨迹的根本因素、展示造成智利所经历的动乱及现状原因的作品：

María Rosaria Stabili所著的*El sentimiento aristocrático. Élites chilenas frente al espejo (1860-1960)* (Andrés Bello, 2003)和Luis Ortega Martínez所著的*Chile en ruta al capitalismo. Cambio, euforia y depresión. 1850-1880* (Dibam, 2005)。这两部作品分析了阻碍智利统治阶级开展变革的长期因素和智利经济结构的不平等与脆弱性。